hänssler

Thomas Schirrmacher

Multikulturelle Gesellschaft

Chancen und Gefahren

HÄNSSLER
KURZ UND BÜNDIG

Hänssler – KURZ UND BÜNDIG
Bestell-Nr. 394.576
ISBN (10) 3-7751-4576-1
ISBN (13) 978-3-7751-4576-3

Internet: www.haenssler.de
E-Mail: info@haenssler.de
Umschlaggestaltung: Jens Vogelsang, Aachen
Titelbild: CORBIS GmbH, Düsseldorf
Satz: Vaihinger Satz + Druck, Vaihingen/Enz
Druck und Bindung: Ebner & Spiegel, Ulm
Printed in Germany

International Member of the
Evangelical Christian
Publishers Association

Inhalt

Kurz und bündig ...

Geht es Ihnen nicht auch so? Über manch einen Themenbereich würde man gerne als Normalbürger Bescheid wissen (oder muss es vielleicht sogar). Doch was die Fachleute schreiben, ist im Normalfall zu kompliziert und zu umfangreich. Wer hat schon Zeit, sich in jedes Thema wochenlang einzuarbeiten!?

Hier wollen wir Hilfestellung leisten. In *Hänssler kurz und bündig* geben Fachleute, die sich mit einem Thema schon seit Jahren intensiv beschäftigen, kurz und verständlich einen Überblick über das, was man wissen muss, wenn man Bescheid wissen will und mitreden können möchte.

Dabei enthält jeder Band der Reihe *Hänssler kurz und bündig* die folgenden Elemente:

- Fakten und Basisinformationen
- die Diskussion kontroverser Fragen
- praktische Hilfen und Hinweise zum Weiterarbeiten

All das ist so angelegt, dass der Leser sich in zwei bis drei Stunden (also etwa statt des Abendkrimis oder auf einer Zugfahrt) ein Thema in seinen Grundlagen aneignen kann. Die Anwendung im Leben oder das anschließende Gespräch mit anderen wird dann aber sicher etwas länger dauern ...

Ich würde mir wünschen, dass dieser kleine Band Ihren Horizont erweitern kann und die Informationen liefert, die Sie suchen.

Thomas Schirrmacher

I. Deutschland als multikulturelle Gesellschaft

1. Multikulti am Ende?

Die multikulturelle Gesellschaft in Deutschland und vielen anderen Ländern ist ins Gerede gekommen. Von den einen wurde sie jahrzehntelang glühend beschworen (»Multikulti«, »Bereicherung durch Kulturbegegnung«, »Deutschland ist kein Christenklub«), von den anderen eiskalt ignoriert (»Deutschland ist kein Einwanderungsland«[1]). Doch seit Ereignissen wie dem Terroranschlag des 11. September 2001, der Ermordung des niederländischen Regisseurs Theo van Gogh oder den weltweiten gewalttätigen Demonstrationen gegen dänische Mohammed-Karikaturen ist der Wind der Diskussion rauer geworden.

Dabei wird ein Dilemma deutlich: Die Befürworter der multikulturellen Gesellschaft verstehen es zwar, wunderschöne Feste zu organisieren, haben aber oft keine Antwort auf die Probleme, die die multikulturelle Gesellschaft mit sich bringt. Viele stehen ratlos vor Phänomenen wie Ehrenmorden, Zwangsehen oder Gefängnissen, in denen die meisten Insassen russlanddeutsche oder türkische Jugendliche ohne Schulabschluss sind.

Jedoch ist es verfrüht, sich hier zu empören. Denn die Aussage, Deutschland sei eben kein Einwanderungsland, verhindert eine echte Diskussion und verbaut den Weg für eine sinnvolle Einwanderungspolitik. Sie wirkt eigenartig unwirklich angesichts der Tatsache, dass Deutschland das führende Einwanderungsland Europas ist, seit dem Zweiten Weltkrieg Millionenströme »deutscher« und ausländischer Einwanderer aufgenommen hat (allein zwischen 1954 und 1999 30 Mio. Menschen) und derzeit 19% der Bevölkerung einen Migrationshintergrund haben.

Bei der Fußballweltmeisterschaft 2006 präsentierte sich Deutschland weltweit als ein gastfreundliches, weltoffenes und an allen Kulturen der Welt interessiertes Land. Gleichzeitig gab es einzelne Politiker, die kurz vor Beginn farbige Gäste vor dem Besuch bestimmter Gegenden des Landes gewarnt hatten.

Ist Deutschland also (vielleicht sogar wegen seines weltweit einmalig zurückhaltenden Nationalismus) Weltmeister in der multikulturellen Begegnung? Oder ist es aufgrund von Übergriffen gegen ausländische Mitbürger das schwarze Schaf unter den Europäern? Und wie wirkt heute die Erblast des fehlgeleiteten Nationalismus im Dritten Reich? Hat Deutschland deswegen einen Komplex davongetragen, weil sein Nationalismus nun weniger überschäumend ist als der anderer europäischer Nationen? Traut man sich nun deswegen nicht mehr, »stolz« auf sein Land zu sein?

Oder manifestiert sich das Erbe des Nationalismus darin, dass Deutschland einen höheren Anteil an Rechtsradikalität und Ausländerhass kennt als andere vergleichbare Länder?

Der FOCUS hat diese Problematik jüngst recht reißerisch in seiner Ausgabe »Die Multikulti-Lüge« dargestellt. Der zentrale Absatz soll hier wiedergegeben werden, nicht weil er in allem Recht hat – wir werden manches differenzierter besprechen müssen –, sondern weil er die veränderte Stimmung im Lande zutreffend wiedergibt und uns somit zeigt, welche Fragen wir ansprechen müssen:

> »Das Staatsgeheimnis lautet: Die Integration ist gescheitert. Die Verantwortung dafür tragen nicht die Einwanderer selbst, sondern deutsche Politiker, die über Jahrzehnte totale Toleranz predigten und in Wahrheit damit nur ihr totales Versagen bemäntelten.

Schuld haben die Multikulti-Propagandisten, die jeden, der auf die Einhaltung bestimmter gesellschaftlicher und kultureller Regeln pochte, an die Wand redeten. Ja, es leben Tausende und Abertausende Neubürger in Deutschland, die sich den Standards der neuen Heimat nicht nur angepasst haben, sondern diese auch mit Überzeugung vertreten. Sie kommen aus Italien, Spanien, Griechenland und eben auch aus muslimischen Ländern. Ja, in Deutschland arbeiten Tausende und Abertausende erfolgreiche, gebildete und ehrgeizige Migranten, die als Unternehmer, Wissenschaftler und Angestellte erfolgreiche Integration vorleben. Und dennoch: Muslimische Einwanderer, besonders jene aus der Türkei, sind als Gruppe noch immer nicht in Deutschland angekommen. Aus der viel zitierten dritten Immigrantengeneration rekrutiert sich inzwischen eine, wie der Berliner Historiker Paul Nolte schreibt, ›ethnische Unterschicht‹. Ohne Bildung, ohne Job, ohne Geld, ohne Hoffnung, ohne Ehrgeiz, ohne Kenntnis der elementaren gesellschaftlichen Spielregeln. Massive Integrationsprobleme sind auch bei ›christlichen‹ Einwanderergruppen zu erkennen. Doch es sind muslimische Migranten, die sich vielerorts in Parallelgesellschaften abschotten. Sie leben in Ghettos, isoliert in archaischen religiösen Vorstellungen.«[2]

Es ist Zeit, diese Thematik einmal ohne Gefühlswallungen und ohne parteipolitische Scheuklappen anzugehen. Das ist aber gar nicht so einfach. Denn »im ›homerischen Schlachtenlärm der Multikulturalismus-Debatte‹ wurden und werden hochdifferenzierte Theoriediskussionen und der dumpfe Schlagabtausch von politischen Positionssockeln aus begleitet von der Begegnung infernalischer Horrorvisionen (›multikulturelle Gesellschaft‹) mit sozialromantischer Schwärmerei«[3]. »Nach Plessner finden die Deutschen oft kein Mittelmaß. Entweder sie vergöttern den Staat im Rahmen von Obrigkeitsdenken, oder als Anarchisten verdammen sie ihn. Entweder rufen sie ›Ausländer raus!‹ oder ›Alle Ausländer rein!‹. Beides ist krankhaft.«[4]

Zudem fließt hier eine Vielzahl von Themen ineinander, die jedes für sich kompliziert und emotional aufgeladen genug sind – schlechte Voraussetzungen, um eine Frage zu diskutieren, die ganz wesentlich darüber entscheiden wird, wie das Deutschland von morgen aussieht.

Dabei spielen Begriffe wie »Leitkultur«, »Parallelgesellschaft«, »Ghetto« und »Minderheitenschutz« eine Rolle, ebenso das Verhältnis von Staat und Religion, das Verständnis des Grundgesetzes, die Probleme des Rassismus und des Rechtsradikalismus. Auch internationale Fragen haben mit der Thematik zu tun: die Kolonialgeschichte, die Jahrhunderte des Konflikts zwischen Orient und Okzident, das Verhältnis der Türkei zur Europäischen Union, die Kriege in Afrika, die gewaltige Flüchtlingsströme ausgelöst haben, oder die Folgen des Wirtschaftsbooms in China und Indien. Betroffen sind Staat und Wirtschaft, Bildung und Religion, aber auch der Alltag am Arbeitsplatz oder im privaten Umfeld.

Für Christen kommen noch andere grundsätzliche Fragen hinzu: Sollte man sich überhaupt in Politik und Gesellschaft engagieren? Ist Deutschland ein christliches Land – und falls ja, inwiefern? Was bedeutet Religionsfreiheit? Wie sieht das Verhältnis von Christentum und Islam aus? Was ist vom »Dialog der Religionen« zu halten? Und wie sollte sich ein missionarisches Gespräch mit ausländischen Mitbürgern und Mitbürgerinnen gestalten? Und nicht zuletzt: Wie können wir Menschen anderer Kulturen Nächstenliebe entgegenbringen?

In der Reihe *Kurz und bündig* können diese Themen nicht alle behandelt oder auch nur erwähnt werden. Hier kann nur eine erste Schneise geschlagen werden, die die wichtigsten Daten und Fakten vorstellt, die man kennen sollte, und die wichtigsten Kontroversen anspricht. Auf die spezifisch christlichen Fragestellungen geht dieses Buch in einigen Exkursen ein.

Angesicht der Fülle des Stoffs muss auch ich mich einiger »Lieblingsthemen« enthalten: Ich habe zwei Bücher zum Unterschied von scham- und schuldorientierten Kulturen veröffentlicht[5], ein Thema, das auch wesentlich den Unterschied zwischem dem »deutschen« und dem »türkischen« Denken markiert, und muss doch schweren Herzens darauf verzichten, näher darauf einzugehen. Gerne würde ich auch von meinen vielen Begegnungen mit Menschen anderer Kulturen in Deutschland berichten. Da sind die kurdischen Freunde aus der Zeit, als wir uns für den Erhalt der kurdischen Sprache in der Türkei eingesetzt haben, die vielen Koreaner und Afrikaner unter meinen Studenten, »meine« iranischen Taxifahrer, mit denen ich bei jeder Fahrt die Gespräche vom letzten Mal fortsetze – über Gott, Familie und ihre Heimat –, und schließlich die Muslime, mit denen ich Fernseh- und Radiodiskussionen bestritten habe. Doch all das wäre dann nicht *kurz und bündig*!

2. Deutschland als multikulturelle Gesellschaft: Die Ausländer unter uns

»Multikulturelle Gesellschaft« ist ein Schlagwort, das in der Politik, den Medien und in der Soziologie verwendet wird. Zum einen bezeichnet es als Zustandsbeschreibung eine Gesellschaft, in der Menschen unterschiedlicher Herkunft, Nationalität, Sprache, Religion oder Ethnie (Volks- oder Stammesgruppe) zusammenleben. Zum anderen kann es aber auch programmatisch verwendet werden: Dann tritt man engagiert für eine Gesellschaft ein, in der die Vielfalt der Kulturen gefördert und nicht zugunsten einer Hauptkultur eingeschränkt wird.

Der Begriff »multikulturelle Gesellschaft« wurde zuerst 1964 von einem Soziologen in und für Kanada geprägt und gelangte erst in den 80er-Jahren in die USA. Im deutschen Sprachraum wurde der Begriff ebenfalls in den 60er-Jahren in der Schweiz und für die Schweiz geprägt, Anfang der 80er-Jahre von den Kirchen in die Diskussion eingeführt. Er bestimmt seit etwa 1990 zunehmend die öffentliche Diskussion um die Migrationspolitik Deutschlands.

Beide Aspekte sollen in diesem Buch berücksichtigt werden: Zunächst beginnen wir in diesem Kapitel mit dem Istzustand. Im zweiten Teil des Buches gehen wir dann auf die programmatische Forderung einer »multikulturellen Gesellschaft« und die damit verbundenen Kontroversen ein.

Ist Deutschland also eine multikulturelle Gesellschaft? Die Antwort lautet: vor allem »ja« und ein bisschen »nein«. »Ja« – gemessen an der Zahl der jährlich Einwandernden (Migranten) und vor allem an der Zahl der hier lebenden Ausländer und eingebürgerten Zuwanderer.

Das »ein bisschen nein« rührt daher, dass Deutschland, verglichen mit den meisten Staaten weltweit, tatsächlich verhältnismäßig »monokulturell« ist. Das heißt: In nur wenigen Staaten der Erde dominieren eine Sprache und ein kulturgeschichtlicher Hintergrund derart stark wie bei uns. In Frankreich oder etwa in Japan ist das ähnlich. In vielen Ländern der Erde ist aber die Mehrheitskultur wesentlich weniger stark ausgeprägt (so etwa in Südafrika). Manchmal gibt es sogar überhaupt keine eigentliche Mehrheitskultur (etwa in Indien), oder aber diese Mehrheitskultur ist selbst erst in jüngerer Vergangenheit aus ungezählten Vorgeschichten entstanden (wie in Indonesien).

Im Hinblick auf die aktuelle Diskussion ist dies aber ein Seitenaspekt. Darum sollen zunächst die Ausländer in Deutschland ins Visier genommen werden, vor allem die, die in Deutschland derzeit dauerhaft wohnen, aber keine deutschen Staatsbürger sind. Ihre Zahl ist gegenüber den 80er-Jahren kontinuierlich gestiegen.

Jahr[1]	Gesamtzahl der in Deutschland lebenden Ausländer ohne deutsche Staatsbürgerschaft (in Tausend)		
1980	4.566,2	**1995**	7.342,8
1982	4.671,8	**1997**	7.419,0
1984	4.405,5	**1999**	7.336,1
1986	4.661,9	**2000**	7.267,6
1988	4.623,5	**2001**	7.318,3
1989	5.007,2	**2002**	7.348,0
1990	5.582,4	**2003**	7.341,8
1991	6.066,7	**2004**	7.288,0
1993	6.977,5	© Statistisches Bundesamt	

Abbildung 1: In Deutschland lebende Ausländer ohne deutsche Staatsbürgerschaft

2004 erhielten 127.000 Ausländer die deutsche Staatsbürgerschaft. Die Zahl der Eheschließungen zeigt stellvertretend, dass es familiär zunehmend zu einer Vermischung von Einheimischen und Ausländern kommt, aber auch untereinander zwischen den Immigranten aus verschiedenen Herkunftsländern. 2004 heirateten laut Statistischem Bundesamt 396.000 Paare in Deutschland, darunter waren nur 9.219 Ehen zwischen zwei Ausländern, davon aber lediglich 5.233 zwischen zwei Ausländern derselben Nationalität (wobei natürlich viele in ihrem Heimatland heiraten).

Demgegenüber gab es 56.300 gemischte Ehen. Die Zahl der Ehen zwischen einem Deutschen und einem Ausländer haben damit zugenommen. 32.800-mal war der Mann Deutscher, als Frauen standen Thailänderinnen (2.300), Russinnen (2.200), Rumäninnen (2.200), Türkinnen (1.800) und Ukrainerinnen (1.700) an der Spitze. 23.500-mal war die Frau Deutsche, bei ihnen waren Türken mit Abstand am beliebtesten (4.900), gefolgt von den Italienern (1.800), Serben/Montenegrinern (1.700) und US-Amerikanern (1.200).

Schweiz:

Der Anteil der Ausländer in der Schweiz schwankte im 20. Jahrhundert stark. 1910 war er mit 15% auf einem Höhepunkt, 1940 mit 5% auf dem Tiefstpunkt. Bis 1970 stieg der Anteil auf über 17%, und nach kurzem Absinken wurde diese Zahl Anfang der 90er-Jahre wieder erreicht und stieg seitdem auf die bisherige Spitze von 21% (Ende 2004). Allerdings muss man berücksichtigen, dass die Schweiz nur sehr selten Einbürgerungen vornimmt, aber zwei Drittel der Ausländer eine unbeschränkte Aufenthaltsbewilligung haben und 36% der Ausländer seit mehr als 15 Jahren im Land leben.

In den letzten 20 Jahren haben sich die Ausländer in der Schweiz auch internationalisiert. Der Anteil der Nichteuropäer stieg von 6,0% in 1980 auf 13,3% in 2004, der Anteil der alten EU (EU der 15) sank im selben Zeitraum von 82,1% auf 56,4%. Wirkliche Probleme hat die Schweiz dabei in Abwesenheit einer Entsprechung zu den deutschen Aussiedlern nur mit Einwanderern aus islamischen Ländern, wobei allerdings nicht wie in Deutschland die Türkei vorherrscht.

Österreich:
In Österreich sind 9,4% der Einwohner Ausländer, diese sind aber recht unterschiedlich verteilt. In der Steiermark machen sie 4,5% der Einwohner aus, in Wien fast 17%. Dabei nehmen die Einwanderungsgewinne in Österreich im Moment enorm zu. War es 1999 noch ein Plus von 19.800, so in 2005 schon 50.200.

2005 erhielten 35.417 Ausländer die österreichische Staatsbürgerschaft. Die Einbürgerungspraxis in Österreich ist dabei sehr restriktiv. Man verzeichnet hier 16 Prozent weniger als im Jahr 2004 und sogar über ein Fünftel weniger als im Rekordjahr 2003. Unter den 138 Herkunftsländern war die Türkei mit 9.562 Eingebürgerten der Spitzenreiter. 10.090 Eingebürgerte sind bereits in Österreich geboren.

3. Deutschland als multikulturelle Gesellschaft: Die Einwanderer unter uns

Für die Frage, ob Deutschland eine multikulturelle Gesellschaft ist, ist nicht nur die Frage interessant, wie viele der in Deutschland lebenden Menschen einen deutschen Pass haben und wie viele nicht, sondern

(1) wie viele nichtdeutsche Staatsbürger dauerhaft in Deutschland bleiben werden und nicht nur kurzfristig hier arbeiten oder wohnen und

(2) wie viele der Bürger mit deutschem Pass geografisch nicht deutscher Herkunft sind, also selbst eingewandert sind oder von Einwanderern abstammen.

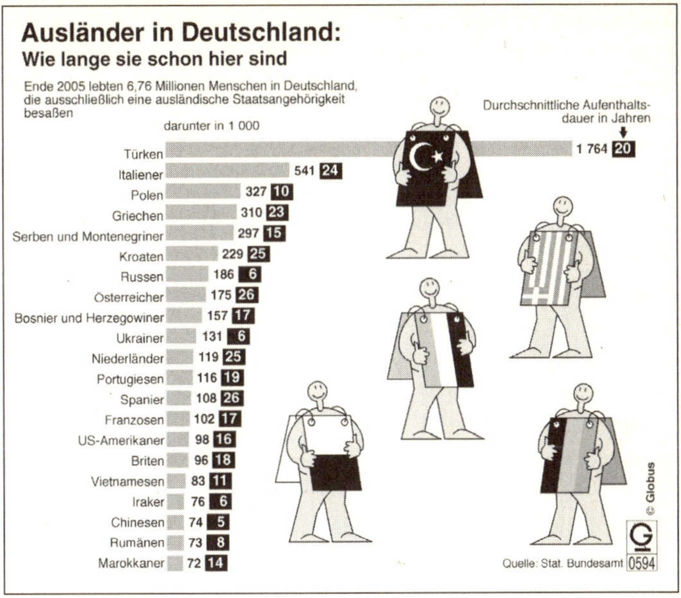

Abbildung 2: Verweildauer der Ausländer in Deutschland

Zu (1): Die durchschnittliche Aufenthaltsdauer der in Deutschland lebenden Ausländer und Ausländerinnen betrug Ende 2005 16,1 Jahre. Ein Drittel lebt schon über 20 Jahre in Deutschland, zwei Drittel, d.h. ca. 4,6 Mio., sogar länger als 8 Jahre (die Voraussetzung für eine Einbürgerung). Von den 6,76 Mio. (siehe Abb. 2) sind 1,4 Mio, also 21%, in Deutschland geboren, unter den Türken sind es sogar 35%.

Zu (2): Die im Juni 2006 veröffentlichte kleine Volkszählung in Europa und Deutschland (»Mikrozensus 2005«) hat zum ersten Mal nicht nur nach der Staatszugehörigkeit gefragt, sondern auch nach dem Geburtsort und dem Geburtsort der Eltern und Großeltern, sowie damit verbunden danach, ob man selbst in die Bundesrepublik eingewandert ist oder bereits die Eltern oder Großeltern. Demzufolge leben derzeit in Deutschland 15,3 Mio. Menschen mit Migrationshintergrund, davon 7,3 Mio. ohne deutschen Pass und 8 Mio. mit deutschem Pass. Das macht 19%, also fast ein Fünftel der Menschen in Deutschland aus. Von den 15,3 Mio. haben dabei 10,4 Mio. die Migration persönlich erlebt. (Gezählt wurde übrigens nur die Einwanderung nach 1950. Die 10 Mio. »Vertriebenen« aus der Zeit des Zweiten Weltkriegs sind hier also nicht mitgezählt, wie übrigens auch die ca. 0,5-1 Mio. illegalen Zuwanderer nicht). Kein Wunder, dass der Präsident des Statistischen Bundesamts, sonst traditionell eher zurückhaltend mit politischen Empfehlungen, zur Veröffentlichung erklärt, dass Deutschland offensichtlich ein »Zuwanderungsland« sei und Deutschland die Zuwanderer dringend brauche, wenn es nicht ausdünnen und vergreisen wolle.[6]

Hinter diesen 15,3 Mio. verbergen sich natürlich ungezählte, sehr unterschiedliche und kaum vergleichbare Schicksale. Versucht man dennoch, sie in grobe Kategorien zu unterteilen, so ergibt sich folgendes Bild:

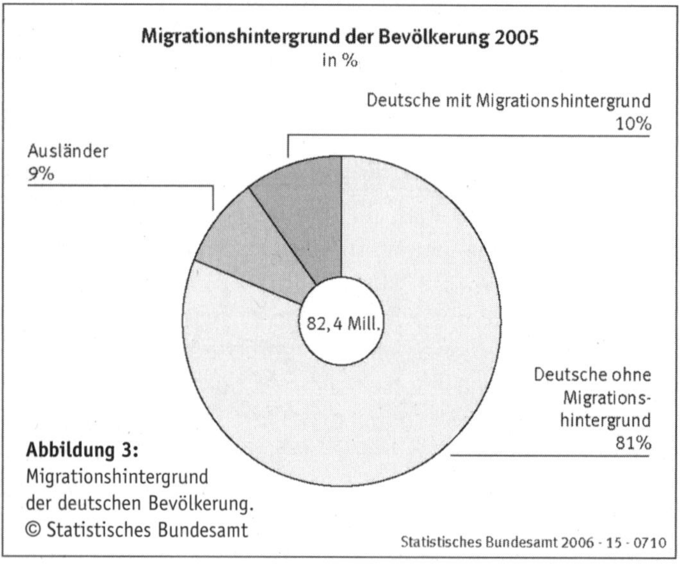

Abbildung 3: Migrationshintergrund der deutschen Bevölkerung. © Statistisches Bundesamt

Interessant ist natürlich auch, welchen Herkunftsländern die von Migration Betroffenen zuzuordnen sind:

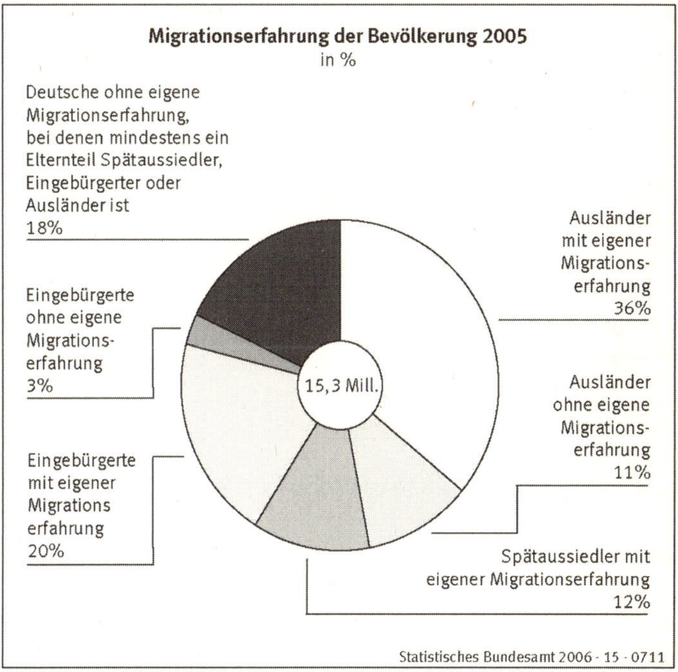

Abbildung 4: *Mikrozensus 2005:* Bevölkerung nach Migrationserfahrung und Herkunftsland

Anteil	in Mio.	Herkunftsland
3,4%	2.792	Türkei
3,6%	2.943	andere ehemalige Anwerbestaaten: Griechenland, Italien, Portugal und Spanien
1,2%	975	sonstige alte EU (der 15)
6,8%	5.586	sonstige Staaten (einschließlich Aussiedler vor dem 1.8.1999)
2,5%	2.052	Aussiedler (nach 1.8.1999)
81,4%	67.133	Deutsche ohne Migrationshintergrund
1,2%	988	ohne Angaben

(Daten errechnet nach Angaben des Statistischen Bundesamtes)

Aus christlicher Sicht: Der Christ und die Kulturen

Gott ist der Schöpfer aller Völker, denn »er hat aus einem [Menschen] alle Völker der Menschen geschaffen, damit sie auf der ganzen Erde wohnen, indem er ihnen festgesetzte Zeiten und die Grenzen ihres Wohngebietes bestimmt hat ...« (Apostelgeschichte 17,26; vgl. 5. Mose 32,7-9; Psalm 74,17; 86,9).

Ein Christ liebt deswegen wie Gott Menschen aller Kulturen und respektiert die Andersartigkeit anderer Kulturen (Offenbarung 1,6-8; Psalm 66,8).

Die Unterschiedlichkeit der Kulturen ist keine Folge der Sünde. Mit der Sprachverwirrung beim Turmbau zu Babel (1. Mose 11,1-9) wollte Gott gerade die durch Macht erzwungene Welteinheitskultur verhindern und die Ausbreitung der Menschheit auf der ganzen Erde (»füllet die Erde«, 1. Mose 1,28; 9,1) bestätigen

(1. Mose 9,19; 10,5; 11,9).

Schon im Alten Testament kündigt Gott wiederholt an, dass er mit seinem Heil alle Völker vor Augen hat (1. Mose 12,3; Jesaja 49,6 etc.). Der Missionsauftrag des Jona zeigt beispielhaft die Universalität der göttlichen Rettung schon in alttestamentlicher Zeit. Pfingsten macht deutlich, dass die Gemeinde Jesu alle Kultur- und Sprachbarrieren übersteigt. Die Kirche ist deswegen multikulturell angelegt (Offenbarung 5, 9-10; 7,9; 10,11; 11,9; 13,7; 14,6; 17,15; Daniel 7,13-14; Epheser 2,11-19).

Christen können in allen Kulturen der Welt leben, in monokulturellen, in multikulturellen und vor allem auch dort, wo der Zeitgeist dem Lebensstil ihres eigenen Glaubens entgegensteht, von dem sie sich aber ihre Unabhängigkeit bewahren (Römer 12,2).

Ein Christ ist gastfreundlich und lädt gerne Gäste zu sich ein (Römer 12,13; Hebräer 13,12).

Ein Christ befürwortet Menschenrechte, da Gott jeden Menschen gleich geschaffen hat (1. Mose 1,26-27; 2. Mose 23,9).

Ein Christ glaubt an die Trennung von Kirche und Staat, das heißt an ganz unterschiedliche Aufgaben, die Gott beiden Ordnungen gegeben hat (Römer 13,1-7). Christen fördern den Staat, wo er Gerechtigkeit übt, stehen ihm aber auch immer kritisch gegenüber, wenn er die Gerechtigkeit mit Füßen tritt (siehe z.B. Lukas 13,31-32).

Da ein Christ sich auch einem Staat unterstellt, der keine christlichen Werte zum Ausgangspunkt nimmt (Röm 13,1-7), gleichzeitig aber auch den »Frommen« weiterhin kritisch gegenübersteht (siehe etwa die alttestamentlichen Propheten), ist er für die Gefährdung des Staates durch religiösen Totalitarismus sensibilisiert (Offenbarung 13).

Wenn Jesus sagt: »Gebt dem Kaiser, was dem Kaiser gehört…« (Matthäus 22,21 und Parallelstellen), so unterstellt er die Juden, die früher eine eigene Regierung hatten, mit größter Selbstverständlichkeit nicht nur der nichtjüdischen, säkularen Regierung der Römer, sondern ordnete die Christen damit auch in einen multikulturellen Staat ein, ohne sie aufzufordern, diesen Zustand so schnell wie möglich zu beenden.

Ein Christ ist selbstkritisch und beginnt bei der Problemsuche immer bei seinen eigenen Fehlern (Lukas 18,10-11). Er weiß, dass Gott zunächst die Umkehr der Kirche möchte, wenn er das Land heilen soll (2. Chronik 7,14).

Ein Christ lebt gerne in einer Kultur, die von christlichen Werten bestimmt ist. Aber mit der großen Mehrheit aller Christen der Gegenwart, ja sogar aller Zeiten und mit den Gläubigen des Alten und Neuen Testaments kann er auch in anderen Gesellschaften leben und sich wie Josef und Daniel zum Besten der Gesellschaft einsetzen: »Suchet der Stadt Bestes, dahin ich euch habe wegführen lassen, und betet für sie zum Herrn; denn wenn's ihr wohlgeht, so geht's auch euch wohl.« (Jeremia 29,7)

Christen wissen, dass es dem Menschen nichts nützt, die Welt zu gewinnen und an seiner Seele Schaden zu nehmen (Matthäus 16,26). Dabei ist ihnen ihr »Bürgerrecht im Himmel« (Philipper 3,20) bewusst. Das macht sie nüchtern gegenüber parteipolitischen Versprechungen und der Unzuverlässigkeit der Politik, gleichzeitig aber offen, über politische Gräben hinweg für diese Welt zu arbeiten.

4. Deutschland als multikulturelle Gesellschaft: Die große Zu- und Abwanderung

Multikulturelle Gesellschaft zu sein beschränkt sich für Deutschland nicht bloß darauf, dass wir Eingewanderte in Deutschland haben, zu denen jährlich einige hinzukommen, und nun die Frage sei, wie wir mit ihnen umgehen sollten. Denn die Realität ist außerordentlich komplex und kaum steuerbar. Deutschland ist immerhin die stärkste Wirtschaftsnation im Herzen Europas mit Wirtschaftsbeziehungen in alle Welt, ja öfter schon »Exportweltmeister« (selbst im Vergleich zu den USA) und seit Jahrzehnten eines der Hauptzielländer für Asylanten. In den letzten Jahrzehnten sind Millionen Menschen nach Deutschland gezogen und Millionen wieder weggezogen. Trotz rückläufiger Zahlen ist Deutschland nach wie vor eine Durchgangsstation für sehr viele Menschen, die durchaus für längere Zeit, aber nicht für immer hier leben.

Die Zahl der Türken ohne deutschen Pass in Deutschland belief sich beispielsweise laut Statistischem Bundesamt Ende 2004 auf 1.764.318, Ende 2005 auf 1.764.041, also auf fast die gleiche Zahl. Dahinter verbirgt sich aber dennoch Bewegung: 31.375 Türken sind nach Deutschland gezogen (und zwar etwa gleich viel Männer und Frauen), davon 2.722 erstmals, 23.142 haben Deutschland wieder verlassen (davon mehr als zwei Drittel Männer), 8.510 sind gestorben oder eingebürgert worden (zu 80% Männer).

Die Gesamtzahl der Ausländer in Deutschland ist von 2004 auf 2005 nur geringfügig von 6.717.115 auf 6.755.811 gestiegen, obwohl 401.493 Ausländer eingewandert sind (davon 322.805 zum ersten Mal) und obwohl nur 72.622 Ausländer gestorben sind oder eingebürgert wurden. Der

Grund dafür ist die Abwanderung von 290.175 Ausländern. Jährlich verlassen also Ausländer in der Größenordnung einer Stadt wie Bonn Deutschland, und eine etwas größere Stadt (wie etwa Mannheim) wandert an Ausländern wieder zu.

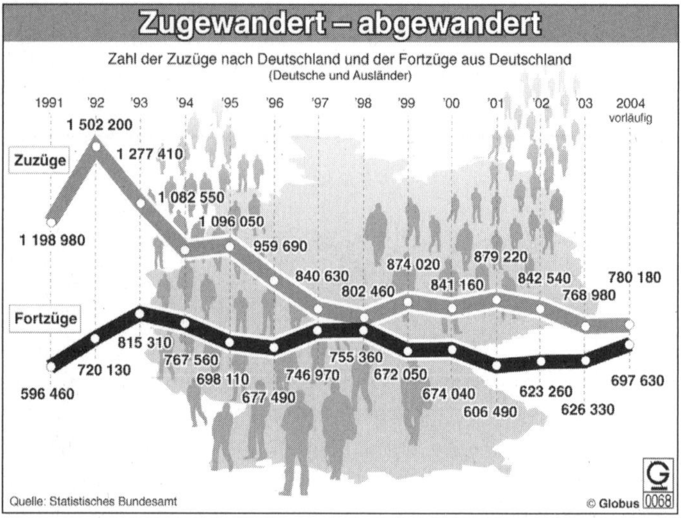

Abbildung 5: Statistik der Zu- und Abwanderungen in Deutschland

Dabei sind die deutschen Auswanderer noch nicht einmal berücksichtigt. Befragt man die offizielle »Wanderungsstatistik« des Statistischen Bundesamts, wie viele Menschen 2004 über die deutschen Grenzen in beide Richtungen gewandert sind, zählt man also auch Deutsche dazu, die im Ausland Arbeit suchen, deutsche Auswanderer, deutsche Rückwanderer, aber auch Staatenlose, Asylanten und andere Gruppen, ergibt sich sogar eine doppelt so hohe Zahl, da 780.175 Menschen nach Deutschland kamen und 697.633 Deutschland verließen. (1993 waren es noch 1.277.408, die nach Deutschland kamen, und 815.312, die Deutschland verließen.)[7]

Das vermittelt eine kleine Vorstellung, wie stark die Fluktuation moderner Gesellschaften ist und dass es bei »Ausländerpolitik«, »Integration«, »Migrationsforschung« usw. um mehr geht als nur darum, zu steuern, wer zuwandern darf. Es geht auch nicht nur darum, sich um die Ausländer zu kümmern, die für immer in Deutschland bleiben wollen. Tatsächlich wissen viele beim Einwandern nicht, für wie lange sie bleiben wollen. Hinter jedem Ein- und Auswanderer verbirgt sich eine individuelle Lebensgeschichte, die keine Bundesbehörde einfach steuern kann.

Österreich:
Hier wanderten 2004 128.000 Menschen ein und 77.000 aus, was einen Saldo von 51.000 ergab.

Schweiz:
Hier wanderten 2004 120.200 Menschen ein und 79.800 aus.

Für die Einwanderung in ein Land spielt die gesellschaftliche Situation in anderen Ländern und die Entwicklung großer, von der Suche nach wirtschaftlichem Auskommen oder Freiheit bestimmter internationaler Wanderungsströme eine große Rolle.

Wie schwer solche Ströme zu berechnen und zu lenken sind, zeigt ein klassisches Beispiel für gut gemeinte deutsche Einwanderungspolitik, die jedoch negative Folgen hatte. Ab 1973 versuchte man im Gefolge der Ölkrise Türken zur Rücksiedlung in die Türkei zu bewegen. Dabei wurde ihnen zugestanden, die Einzahlungen in die Rentenkasse weitgehend mitzunehmen. Da man gleichzeitig ein Hin- und Herpendeln zwischen Deutschland und der Türkei verbot, der rückgesiedelte Türke also nicht wieder nach Deutschland kommen konnte, entschieden sich die meisten Türken sicherheitshalber dafür, in Deutschland wohnen zu bleiben und stattdessen ihre Familien nachziehen zu lassen. Statt weniger Türken lebten so am Ende viel mehr Türken in Deutschland, und der Zuwachs ging zudem auf Familienmitglieder zurück, die überwiegend nicht in den Arbeitsprozess eingebunden waren und bei denen bisher keine Integration stattgefunden hatte.

Asylanten

1992 lag die Zahl der Asylbewerber in Deutschland noch bei 438.000, sank dann aber 1994 bereits auf 127.000. 1998 wurde erstmals die 100.000-Marke knapp unterschritten. Deutschland war 2004 erstmals seit rund 20 Jahren in der EU nicht mehr das Zufluchtsland Nummer eins für Asylanten, wie der jährliche Bericht des Hochkommissariats für Flüchtlinge der Vereinten Nationen (UNHCR) mit den Zahlen von 38 Industriestaaten, die Statistiken führen, belegt. Danach suchten 2004 rund 50.000 Menschen Asyl in Deutschland, die geringste Zahl seit 20 Jahren. Großbritannien wurde dagegen zum begehrtesten Aufnahmeland mit über 61.000 Anträgen, nach Frankreich gingen etwa 51.000. Gemessen daran sind die USA mit rund 60.000 Asylanträgen prozentual zur Bevölkerung weniger beliebt, ebenso Kanada mit 31.000. Gemessen an der Bevölkerung sind aber Österreich mit ca. 32.000 und die Schweiz mit 21.000 Asylbewerbern viel stärker gefragt.

Interessant ist auch der Vergleich nach Erdteilen: In ganz Europa stellten 2005 374.000 Asylanten einen Antrag, in ganz Amerika nur 74.000, in Asien und im Pazifikgebiet (z.B. auch in Australien) 75.000 und in Afrika (meist nach Flucht ins Nachbarland) 125.000.

»Die meisten Asylbewerber in Deutschland kamen 2005 aus Serbien und Montenegro (5.522), der Türkei (2.958), Irak (1.983) sowie der Russischen Föderation (1.719) und Vietnam (1.222). Das Bundesamt für Migration und Flüchtlinge hat im Jahr 2005 über die Anträge von 48.102 (Vorjahr: 61.961) Personen entschieden. Davon wurden 411 Personen (0,9%) als asylberechtigt anerkannt und 2.053 (4,3%)

erhielten Abschiebungsschutz. Abgelehnt wurden die Asylgesuche von 28.109 Personen (58,4%). Die Anträge der übrigen 17.529 Personen (36,4%) wurden anderweitig erledigt.«[8]

Aussiedler

Waren unter den Aussiedlern Anfang der 80er-Jahre noch viele, die gut Deutsch sprachen, der deutschen Kultur verbunden waren und/oder aus europäischen Ländern wie Polen kamen (so sehr auch diese einen Kulturschock erlebten und als Fremde ausgegrenzt wurden), so stammen die meisten derer, die in den letzten Jahren kamen, aus den Nachfolgestaaten der Sowjetunion, können wenig Deutsch und haben durch ihre Herkunft nur wenig Bezug zu deutschen Traditionen.

Die Zahl der neu eintreffenden Aussiedler und Spätaussiedler[9] ist in den letzten Jahren stetig gesunken. Lag sie 1992 noch bei jährlich 231.000, sank die Zahl 1996 erstmals mit 178.000 unter 200.000 und im Jahr 2000 erstmals knapp unter 100.000. 2004 kamen nur noch 59.093 Aussiedler nach Deutschland, 2005 sogar nur noch 35.522. Das hat verschiedene Gründe: Die Familienzusammenführung ist weitgehend abgeschlossen. Die wirtschaftliche Lage in Deutschland ist nicht sehr einladend. Viele Antragsteller und Familienmitglieder erfüllen außerdem inzwischen die sprachlichen Voraussetzungen für eine Aufnahme als Aussiedler nicht mehr.

Die Zahl derer, die grundsätzlich noch Anspruch auf Anerkennung als Aussiedler haben könnten und die sich bei kritischer werdenden Situationen in ihren derzeitigen Heimatländern nach Deutschland in Marsch setzen könnten, wird derzeit auf etwa 600.000 geschätzt.

5. Die Deutschen sterben aus und vergreisen

»Ohne die Menschen mit Migrationshintergrund wäre der Alterungsprozess der Bevölkerung in Deutschland noch weitaus ausgeprägter, als wir ihn ohnehin beobachten.«[10], so fasst der Präsident des Statistischen Bundesamtes die neuesten Zahlen zusammen. »Der Rückgang der Bevölkerung vollzieht sich ausschließlich bei den Deutschen ohne Migrationshintergrund.«[11] Ohne weitere Zuwanderung würde nach Berechnungen seines Amtes die Zahl der deutschen Staatsbürger bis 2050 von fast 83 Mio. auf 59 Mio. sinken. Der Anteil der über 60-Jährigen würde sich bis 2050 auf 44% mehr als verdoppeln. Schon jetzt liegt das Durchschnittsalter der Deutschen bei 40 Jahren (weltweit dagegen bei ungefähr der Hälfte). Nach Berechnungen des Statistischen Bundesamtes wird es trotz Einbürgerungen im Jahr 2050 50,9 Jahre betragen!

Um angesichts der älter werdenden deutschen Bevölkerung genügend arbeitende Menschen zu haben, muss die Bevölkerung netto (also Zuwanderung abzüglich Auswanderung) jährlich um 160.000 bis 200.000 Einwanderer zunehmen. Das bedeutet angesichts von 650.000 Aus- bzw. Rückwanderern einen jährlich notwendigen Zugang von 800.000 bis 1 Mio. Zuwanderern!

Das Deutsche Institut für Wirtschaftsforschung in Berlin hat in einer Studie für die Regierung für die nächsten Jahrzehnte die Notwendigkeit einer noch höheren Nettozuwanderung errechnet, um Lebensstandard und Sozialversicherung erhalten zu können, nämlich von 570.000 bis 710.000 Menschen, was eingedenk der Abwanderung den Zuzug von 1,2 bis 1,3 Mio. Menschen jährlich bedeuten würde.[12]

Die ganze dramatische Entwicklung wird deutlich, wenn man sich die deutsche Alterspyramide anschaut:

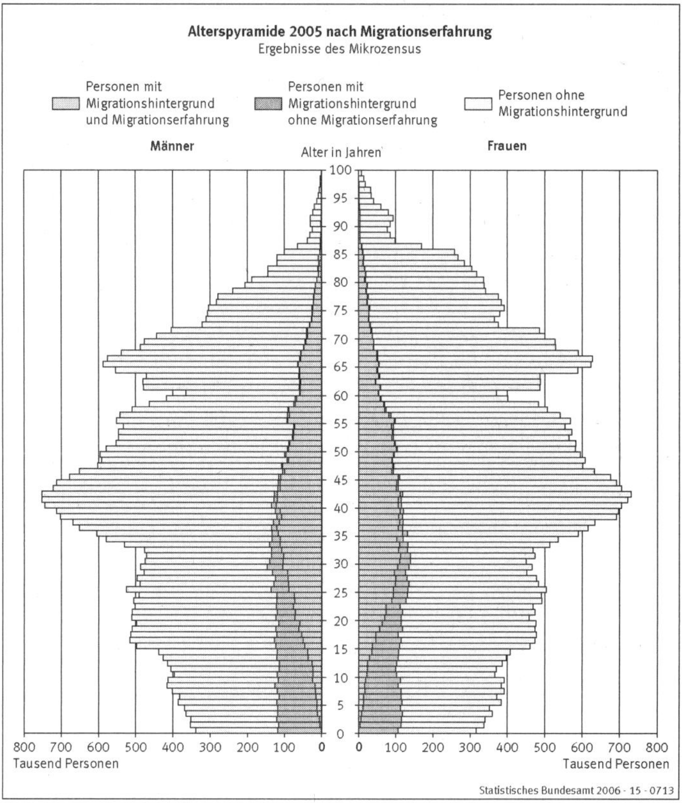

Abbildung 6: Alterspyramide in Deutschland 2005

Man entferne einmal aus der Tabelle die innen eingetragenen Menschen mit Migrationserfahrung und vergleiche die Zahl der Menschen, die 42/43 Jahre alt sind, also die bevölkerungsstärksten Geburtenjahrgänge der Nachkriegszeit, mit der Zahl der Neugeborenen ganz unten.

Angesichts des Umstandes, dass die Einwohner mit Migrationserfahrung im Durchschnitt jünger sind und im Schnitt wesentlich mehr Kinder haben, steigt der Anteil der Menschen mit Migrationserfahrungen unter den unter 25 Jahre alten Kindern und Jugendlichen natürlich gegenüber den 19% im Gesamtdurchschnitt auf 27,2%, darunter fast ein Zehntel Aussiedlerkinder. Davon sind praktisch die Hälfte selbst nicht zugewandert und haben einen deutschen Pass.

Bei den unter 6 Jahre alten Kindern steigt der Anteil der Menschen mit Migrationshintergrund auf 30%, sie sind fast alle nicht mehr zugewandert und haben fast alle einen deutschen Pass. 6,9% aller unter 6 Jahre alten Kinder in Deutschland haben einen türkischen Hintergrund, 7,6% kommen aus der alten EU der 15 Länder, vor allem der anderen ehemaligen Anwerbestaaten Griechenland, Italien, Portugal und Spanien, 3% sind Aussiedlerkinder.

Kurzum: Die Zahl der Deutschen schrumpft, sie vergreisen und sterben aus, ärgern sich aber, wenn Menschen anderer Herkunft ihren Platz einnehmen.

6. Was machen unsere europäischen Nachbarn?

Werfen wir noch einen Blick auf die Europäische Union mit ihren 25 Ländern: Nach den amtlichen Statistiken der Mitgliedstaaten und Eurostat-Schätzungen belief sich die ausländische Bevölkerung in den Mitgliedstaaten der EU im Jahre 2004 auf rund 25 Mio., das sind etwas weniger als 5,5 % der Gesamtbevölkerung der EU. Absolut gesehen sind die meisten ausländischen Mitbürger in Deutschland, Frankreich, Spanien, Großbritannien und Italien ansässig.

Wie unterschiedlich man mit multikulturellen Problemen umgehen kann und wie sehr man sich davor hüten muss, das deutsche »Modell« und die deutsche Erfahrung absolut zu setzen, zeigen schon unsere Nachbarländer.

Frankreich praktiziert seit 200 Jahren bis heute eine sehr starke Assimilierungspolitik mit einer ins Detail gehenden Hoheit des Zentralstaats in Kulturfragen. Dazu gehören z.B. die Verdrängung aller anderen Sprachen, die Verdrängung von Fremdwörtern, die staatliche Regelung der französischen Sprache, eine zentrale Schulaufsicht usw.

Die Schweiz fährt seit mehr als 200 Jahren das Gegenmodell und gesteht auch kleineren Sprach- und Kulturgruppen ihre eigene kulturelle und teilweise sogar politische Selbstverwaltung zu. Im Gegensatz zu Frankreich gibt es nur einen sehr schwachen Zentralstaat.

Die Niederlande haben im letzten Jahrhundert auf klassische Weise das Modell der multikulturellen Gesellschaft als Forderung praktiziert und die Ausbildung von »Parallelgesellschaften« gefördert. Auch wenn dieses Modell innerhalb der Niederlande derzeit stärker zur Diskussion steht, ist es nach wie vor die Regel.

Die skandinavischen Länder sind ähnlich vorgegangen, haben aber parallel enorm erfolgreich in die Integration als Angebot mit Sprachkursen, Sonderausbildungsprogrammen usw. investiert und so ohne Zwang ein buntes Gemisch an Ausländern integriert. Allerdings gab es auch nie eine zahlenmäßig so vorherrschende Ausländergruppe wie die Türken in Deutschland oder die Araber in Frankreich.

II. Diskussionen und Kontroversen

1. Deutschland hat große Chancen

»Ich habe nichts gegen Fremde, aber dieser Fremde ist nicht von hier«, sagt Methusalix einmal zu Asterix. Der Mensch liebt es, mit seinesgleichen zusammen zu sein, mit derselben Bildungs- und Einkommensschicht, mit derselben »Elite«, mit den Gesinnungs- und Weltanschauungsgenossen oder etwa als Gesunder mit Nichtbehinderten. Das Zusammenleben trotz unterschiedlicher sozialer Schicht, Religion, Sprache oder mancher Unterscheidungskriterien mehr ist überall auf der Welt schwierig und erfordert ein bewusstes Überwinden instinktiver Ressentiments zugunsten der ebenso bewussten Entscheidung zur Nächstenliebe in einer friedlichen, vielfältigen Gesellschaft.

Deutschland hat meines Erachtens aber viele Chancen, um die Integration von Einwanderern ohne Zwang, falschen Nationalismus oder die Vorgabe eines bestimmten Lebensstils zu forcieren. Dafür gibt es wesentliche Gründe, die besonders im Vergleich mit anderen großen EU-Ländern wie Frankreich und Großbritannien deutlich werden.

Gewiss: Nach fünf Jahren Streit um eine »moderne« Zuwanderungspolitik ohne konsensfähiges Ergebnis sehe ich (ebenso wie berufenere Fachleute) derzeit bei vielen Politikern noch nicht die Bereitschaft, zugunsten der Zukunft Deutschlands auf kleinkarierte Parteipolitik zu verzichten. Auch vermisse ich Offenheit, was die Befolgung der häufig guten Vorschläge der Fachleute angeht. Zudem wird noch zu wenig gemeinsam für einen breiten Konsens der Bevölkerung für eine gut vorbereitete, gesteuerte und begleitete Einwanderung geworben. Aber davon einmal abgesehen sehe ich für Deutschland große Chancen, die Probleme zu meistern. Einige Gründe dafür möchte ich hier nennen:

1. Deutschland hat seit 1945 Millionen von Menschen integriert, darunter sind sehr viele Menschen, die gebrochenen Herzens ihre Heimat verlassen mussten (ob Vertriebene oder etwa Asylanten), die mit nichts kamen, oder solche, die gerufen und dann im Stich gelassen wurden. Diese Integration lief so erfolgreich, dass wir mit nunmehr 61 Jahren die längste Zeit seit der Geschichte unseres Fleckchens Erde zusammenhängend in Frieden, Freiheit und Wohlstand leben. Im Vergleich mit anderen Ländern haben wir dabei mit verhältnismäßig wenig sozialen Spannungen oder bürgerkriegsähnlichen Zuständen zu tun. Das Land, das kein Zuwanderungsland sein wollte, hat eine enorme Integrationskraft bewiesen. Warum sollte das nicht erneut möglich sein? Die Integration der Millionen Aussiedler in den 80er-Jahren galt weltweit als Musterbeispiel der Integration.

2. Deutschland hat keine nennenswerte Zahl von Einwanderern aus ehemaligen Kolonien und damit keine Bevölkerungsgruppe, die eine »Abrechnung« wünscht oder sich ausgebeutet fühlt, beziehungsweise einst ausgebeutet wurde. Die Spannungen, die etwa Frankreich mit den aus den Maghrebstaaten (Tunesien, Algerien, Marokko) einwandernden Arabern hat oder die Niederländer mit den Tamilen und die Engländer mit den Pakistanis, treffen alle auf unsere Einwanderer nicht zu, auch nicht auf die Muslime.

3. Deutschland hat keine Einwanderergruppe oder Minderheit, die durch Terrorismus oder Gewalt für ihr Anliegen kämpft, wie die ETA in Spanien, die Basken in Frankreich, eine Minderheit der Araber in Frankreich oder die Pakistanis in England.

4. Die Einwanderer in Deutschland kommen nicht aus Ländern, mit denen Deutschland traditionell verfeindet ist. Das gilt selbst für Länder oder Völker, bei denen eine solche Feindschaft historisch verständlich wäre, wie Frankreich oder natürlich vor allem die nach Deutschland einwandernden Juden, deren Zahl ja erfreulicherweise wieder steigt. Vor allem aber gilt das für die Türkei. Während die Muslime in Frankreich und Großbritanien überwiegend aus ehemaligen Kolonien stammen und ihrer neuen Heimat nicht immer wohlgesinnt sind, verbindet Deutschland und die Türkei eine lang währende Freundschaft auf der obersten politischen Ebene ebenso wie in gesellschaftlichen Bereichen (z.B. Hochschulen und Wirtschaft) und auch auf der persönlichen Ebene – etwa der Urlauber.

5. Deutschland lebt zwischen Freunden. Im Gegensatz zum größten Teil der Geschichte Mitteleuropas leben wir seit langem mit allen unseren Nachbarn in stabilem Frieden. Man vergleiche das einmal mit der Lage in Afrika, wo der Krieg oft auf Streitigkeiten mit Ethnien über Ländergrenzen hinweg zu tun hat und ein Land seine multikulturellen Probleme nicht lösen kann, wenn das Nachbarland das nicht will.

6. Deutschland hat sich im Rahmen der Europäischen Union als Musterland der Zusammenarbeit mit Menschen anderer Kulturen erwiesen. Warum soll Deutschland im Inneren nicht schaffen, was ihm nach außen möglich ist?

7. Deutschland hat kein traditionelles Kulturenproblem zwischen rivalisierenden Gruppen geerbt, wie beispielsweise der Balkan, Belgien oder Kanada, sondern hat mit der deutschen Sprache, Kultur und Geschichte ein schwergewichtiges Erbe, das auch ohne große Eingriffe erhalten bleiben wird. Dass Luther, Goethe, Beethoven, Daimler, Siemens, Brecht und Beckenbauer einmal nicht mehr Teil unserer Bildung sein werden, ist wohl nicht zu befürchten.

8. Deutschland hat – wenn auch auf schrecklichem Wege – gelernt, selbstkritisch zu sein, vielleicht manchmal *zu* selbstkritisch. Doch ist dies besser als falscher Stolz und Überheblichkeit. Kein Volk der Erde hat seine Vergangenheit so intensiv aufgearbeitet. Sicher, es wäre immer noch mehr möglich, und mancher Winkel der Vergangenheit im Dritten Reich oder der DDR ist immer noch nicht ausgeleuchtet, aber dennoch sind wir mit unserer Vergangenheit aufs Ganze gesehen sehr gründlich umgegangen. Das gibt Hoffnung, dass wir auch in Zukunft die Gründe, die uns an einem friedlichen Zusammenleben im Land hindern, selbstkritisch aufdecken werden.

9. Die Deutschen sind traditionell sehr weltoffen und an anderen Kulturen interessiert. Manche deutsche Touristen fallen sicher durch ihre bisweilen etwas proletenhafte und großsprecherische Art unangenehm auf, die Menge der Reisenden aber bleibt den besuchten Ländern in positiver Erinnerung, weil Deutsche sich oft so gründlich mit Literatur auf ihre Gastgeber vorbereiten und gerne die einheimische Kultur kennen lernen wollen, sei es kulinarisch oder durch den Besuch von Sehenswürdigkeiten. Kein Land der Erde beherbergt etwa eine so breit angelegte internationale Gastronomie, denn welcher Deutsche geht heutzutage schon »deutsch« essen?

10. Es gibt Ansätze zu stabilen Völkerfreundschaften: Die große Zahl an nachgewiesenen[13] persönlichen und gesellschaftlichen Kontakten zwischen Türken und Deutschen (und anderen Gruppen) lässt hoffen. Auch Deutschland und Frankreich sind sich durch intensiven Schüleraustausch und andere Begegnungen nähergekommen. Gleiches gilt in etwas abgeschwächter Form auch für andere Länder.

11. Deutschland hat ein enorm stabiles politisches System. Unsere Regierungen haben statistisch gesehen lange Amtszei-

ten. Verglichen mit anderen europäischen Ländern sind Adenauer und Kohl Dinosaurier im Amt geworden. Zudem ist Deutschland ein funktionierender Rechtsstaat, der einmal festgelegtes Recht auch für alle gleichermaßen durchsetzen kann und so die Voraussetzung schafft, gemeinsam beschlossene, friedliche und gerechte Zukunft auch wirklich umzusetzen.

Aus christlicher Sicht: Deutschland – Heimat für überzeugte Christen

Diese positive Einschätzung möchte ich auch für Christen ergänzen, und zwar auch gerade für solche, die bedauern, dass Deutschland nicht mehr »christlich« ist und eine endzeitliche Entwicklung sehen.

1. Deutschland ist nach wie vor eine Heimat für Christen, die die meisten Christen dieser Welt liebend gerne gegen die Not und Verfolgung in ihrer Heimat eintauschen würden. Christen in Deutschland leben nach wie vor nicht nur in einem der reichsten und friedlichsten Länder der Erde, sondern auch in einem Land, in dem große Religionsfreiheit herrscht und Religion – auch die christliche – gleichzeitig sehr breit in der Öffentlichkeit präsent ist. Die enormen Möglichkeiten etwa der Freundschaften mit nichtchristlichen Ausländern oder der Kritik am Staat in seinem Umgang mit Minderheiten sind für Christen wichtiger als die Einschränkungen in einer Demokratie, in der sie nicht bei jeder Frage die Mehrheit stellen.

2. Für den christlichen Glauben ist eine »christliche« Kultur nicht der Normalfall. Einmal angenommen, eine Gesellschaft wäre christlich ausgerichtet. Wenn damit wirklich gemeint wäre, dass christliche Maßstäbe von Gerechtigkeit und Frieden vorherrschen, würde das jeden Christen freuen. Aber selbst im alttestamentlichen Israel waren die wahren Gottesverehrer meist in der Minderheit und gemeinsam mit den Propheten gegenüber den Ungerechtigkeiten des »frommen« Staates eher kritisch eingestellt. In neutestamentlicher Zeit ist es der Normalfall, dass Christen in einer Umwelt leben, die ihre Maßstäbe mehrheitlich nicht teilt. Und die überwältigende Mehrheit nicht nur der Christen aller Zeiten, sondern auch der Gegenwart lebte und lebt in einer Umwelt, in der andere Religionen und Weltanschauungen den Ton angeben, in der Politik wie im Alltag.

3. Paulus hat uns in 1. Korinther 8-10 ein gutes Beispiel gegeben, wie man damit umgeht, wenn fremde Religionen den Alltag einer Gesellschaft bestimmen. Zwar warnt er radikal davor, andere Götter zu verehren, aber ebenso radikal warnt er davor, die Schöpfung Gottes als böse anzusehen. Deswegen soll der Christ nicht untersuchen, ob das Fleisch Göttern geopfert wurde, sondern es dankbar von Gott annehmen. Die Schöpfung gehört Gott, und andere Mächte reklamieren sie zu Unrecht. Die konkreten Auswirkungen anderer Religionen im Alltag (hier der Einkauf auf dem Markt) berühren den Christen nicht, sondern die Scheidung vollzieht sich erst, wenn der Christ aufgefordert wird, andere Götter zu verehren oder nach

anderen Maßstäben als der Gerechtigkeit Gottes zu handeln. Dazu wird aber in Deutschland kein Christ gezwungen. Daniel und Josef konnten ihrem Staat nur dienen, weil sie zwar in der Frage der Gottesverehrung und der persönlichen Ethik sehr konsequent waren, gleichzeitig aber gegenüber der sie umgebenden Alltagskultur sehr großzügig. Denn beide verwendeten sicher die Staatssiegel mit Götterzeichen und mussten auf dem Weg zu ihrem Arbeitsplatz im Palast an mancher Götterdarstellung vorbeigehen.

Zeigst du den Deutschen eine kostenlose Grabstelle, legen sie sich vorsorglich schon mal hinein.

Türkischer Witz

2. Problembereich Wirtschaft

Die Frage nach der multikulturellen Gesellschaft ist sehr eng mit Fragen der Wirtschaft und der Arbeitsmarktpolitik verknüpft. Diese Fragen sind in der Politik allesamt sehr strittig und gehören zum Kampfarsenal der politischen Parteien, auch ohne dass die Problematik einer multikulturellen Gesellschaft hinzutritt. Wie viel mehr führen sie zu Kontroversen, wenn die »Ausländer« mit ins Bild kommen. Hier etwas Abschließendes zu sagen, ist deswegen kaum möglich.

Das Bild aber ist sehr vielfältig, weswegen ich mich stellvertretend auf zwei scheinbar einander entgegenstehende Aspekte beschränken will. Auf der einen Seite steht vor allem die hohe Arbeitslosigkeit unter Ausländern und eingebürgerten Einwanderern, die dazu führt, dass viele von ihnen von den sozialen Sicherungssystemen leben. Auf der anderen Seite steht der wichtige Anteil der Wertschöpfung, zu der sie beitragen: für Wirtschaft, Sozialsysteme und die Zukunft des Landes durch jüngere Arbeitskräfte sowie die Investition in Kinder als Arbeitskräfte der Zukunft.

Arbeitslosigkeit

Was für Frankreich gilt, gilt auch für Deutschland: »Die Arbeitslosigkeit bleibt das größte Integrationshindernis.«[14] Insbesondere die Krise und der Zusammenbruch von Stahlindustrie und Bergbau, in denen viele der nach Deutschland gerufenen Türken in den 50er- und 60er-Jahren beschäftigt waren, ließen die Zahl der arbeitslosen Türken nach oben schnellen, so dass sie heute doppelt so hoch ist wie unter »Deutschen«. »Die ArbeitsmigrantInnen, die in den 50er- und 60er-Jahren ins Land gerufen worden waren, bildeten damals die neue Unterklasse, und die einheimische Bevölkerung konnte auf ihre Kosten aufsteigen.«[15] Als Willy Brandt 1969 die Regierung übernahm, hatte Deutschland ein Wirtschaftswachstum von 7,5%, außerdem Vollbeschäftigung und praktisch keine Schulden. Heute können wir uns kaum noch vorstellen, dass so etwas technisch überhaupt möglich ist! Doch bereits 1973 war mit der Ölkrise der Traum zu Ende. Seitdem hat sich die Situation langsam, aber sicher verschärft.

Die Hoffnung, das Problem zu lösen, da die »Gastarbeiter« ja sicher gerne wieder in ihre Heimat zurückkehren würden, war schon immer trügerisch, wurde aber lange und gerne konserviert. Das Ergebnis ist das, was uns internationale Organisationen vorrechnen: »Immigranten in Deutschland sind von der schwierigen Arbeitsmarktsituation seit den 90er-Jahren besonders stark betroffen. So ist die Erwerbsquote männlicher Aussiedler mit weniger als acht Jahren Aufenthalt seit 1992 um knapp 20% zurückgegangen. Ein ähnlicher Rückgang ist bei den zugewanderten Türken zu beobachten. Die Erwerbsquote im Ausland geborener Männer im Erwerbsalter ist mit 64% um 7% niedriger als der im Inland geborener (71%).«[16]

Die beste Integrationspolitik für Deutschland ist gute Arbeitspolitik. Hätten die arbeitslosen Ausländer alle einen Arbeitsplatz, würden sich viele Probleme fast von selbst lösen. Die Kriminalitätsrate würde sinken, die Kinder hätten ein Vorbild für Bildung und Investition in die eigene Zukunft, die »Deutschen« wären den »Ausländern« dankbar. Solange es so viele Arbeitslose gibt, wird der Neid allerorten um sich greifen und werden diejenigen, die als Einwanderer sozial sowieso immer etwas tiefer oder abseits stehen, automatisch am schlimmsten betroffen sein. Gäbe es genügend Arbeit, bräuchte man keinen »Buhmann« und die Integration würde wesentlich vom Alltag des Berufs übernommen. Und auch Gewalt predigende Führer hätten nicht so viel Zulauf, vor allem – so die Erfahrung weltweit – weil die Menschen etwas zu verlieren hätten, wenn sie Unruhe stiften.

Selbstständige in Deutschland als Wirtschaftsfaktor

Aber es gibt nicht nur viele arbeitslose Ausländer, es gibt auch das Gegenstück. Ich rede jetzt einmal nicht von all den Berufen, die Deutsche gerne Ausländern überlassen, weil sie ihnen zu anstrengend oder sozial zu schlecht angesehen sind. Ich rede auch nicht von 125.000 türkischstämmigen Haushalten, die Wohnungseigentum haben und (wie übrigens auch die vielen Mieter) für die Bauindustrie von Bedeutung sind, sondern von den Einwanderern, die Arbeitsplätze schaffen.

In Deutschland gibt es rund 286.000 ausländische Selbstständige, was 7% aller Selbstständigen entspricht. Hinzu kommen noch einige Zehntausend bereits eingebürgerte Ausländer, die statistisch nicht mehr extra erfasst werden können. Eine Studie des Instituts für Mittelstandsforschung an der Universität Mannheim zeigt, dass die größten Gruppen der ausländischen Selbstständigen Türken, Italiener und Griechen sind, also aus den klassischen einstigen Anwerbeländern stammen. Die ausländischen und eingebürgerten Selbstständigen haben etwa eine Million Arbeitsplätze in Deutschland geschaffen, also mehr als 3% aller Arbeitsplätze. Sie erwirtschaften (nicht genau erfassbare) Milliardenumsätze und damit auch Milliarden für die Steuer und die Sozialkassen. Allein die türkischen, italienischen und griechischen Unternehmen, die vom Mannheimer Institut untersucht wurden, machen rund 50 Milliarden Euro Umsatz pro Jahr, rund die Hälfte davon entfällt auf Türken. Deren Firmen kaufen zu 77% ganz oder teilweise bei anderen deutschen Firmen ein. Der Anteil der türkischen Firmen, die nur für Türken da sind (z.B. Bestattungsunternehmen), nimmt rapide ab.

Deswegen »empfehlen viele Wissenschaftler, die Zuwanderung künftig mehr nach ökonomischen als nach humanitären Gesichtspunkten auszurichten. So plädiert das RWI in Essen dafür – nach dem Vorbild der klassischen Einwanderungsländer USA und Kanada –, die Zulassung zum deutschen Arbeitsmarkt nach einem Punktesystem zu steuern. Dabei sollten das Alter, eine gute Schul- und Berufsausbildung sowie Sprachkenntnisse und die Bereitschaft zu Selbstständigkeit und Unternehmertum im Vordergrund stehen, meinen die Forscher.«[17] Solche Forderungen kommen interessanterweise auch von Experten, die sich seit Jahren für die Belange der Einwanderer einsetzen. So schreibt der Osnabrücker Migrationsforscher Klaus J. Bade: »Auch eine Einwanderungsgesellschaft, die sich als multikulturell versteht, braucht klare einwanderungspolitische Verkehrs- und Vorfahrtsregeln.«[18] Schade, dass Fachleute wie Bade in Deutschland anscheinend grundsätzlich nicht Minister werden können oder man wenigstens ihrem Rat folgt. Aber wie dereinst »der Professor aus Heidelberg« zum Schimpfwort für einen von allen Parteien hoch geachteten Steuerexperten (Paul Kirchhof) wurde, so finanziert die Politik zwar hochrangige Migrationsinstitute, entscheidet am Ende die Einwanderungspolitik aber nach den Umständen der Tagespolitik und mit Blick auf den nächsten Wahlkampf.

So ist schon lange bekannt, wie kontraproduktiv es ist, dass Asylanten und andere bei uns Arbeitsverbot haben. »Junge Zuwanderer, die hier nur geduldet sind, in die Sozialhilfe zu zwingen und ihnen Berufsarbeit zu verwehren, obwohl sie vor Ehrgeiz brennen, ist eine besonders absurde Kombination von Über- und Fehlintegration. Anderen, die keinen Arbeitsplatz haben, die deutsche Staatsbürgerschaft anzusinnen, ebenso. Dreh- und Angelpunkt aller Integration bleiben Beruf und Arbeit.«[19]

Ein anderes Beispiel: Experten fordern schon lange, die Lage der ca. 0,5-1 Mio. so genannten »Illegalen« in unserem Land zu verbessern und das Problem sinnvoll zu regeln, statt es in der verschämten Nichtexistenz zu belassen. Menschen ohne Aufenthaltserlaubnis in unserem Land, die hier gestrandet sind, leben mit der täglichen Angst vor Entdeckung. Ihre Kinder können nicht zur Schule oder zum Arzt gehen, ihre Mietverhältnisse müssen verborgen bleiben, ihre Arbeitsplätze sind »schwarz« und für jede Ausbeutung offen. Während die katholische Kirche sich hier in vorbildlicher Weise einsetzt[20] und private Vereine für diese Menschen sehr aktiv sind, beklagen sie zu Recht die seit Jahrzehnten fehlende Unterstützung der Bundesregierung, ganz gleich, welche Partei sie gerade führt. Erst nach Jahrzehnten hat der Innenminister nun die Existenz dieser Illegalen überhaupt anerkannt.[21] Einige wenige neue Rechtsregeln könnten hier für mehr menschenwürdiges Leben sorgen und sogar der Wirtschaft nützen.

»Die Fremdlinge sollt ihr nicht unterdrücken; denn ihr wisst, wie sich ein Fremdling im Herzen fühlt, weil ihr selbst Fremdlinge in Ägyptenland gewesen seid.« (2. Mose 23,9) *»Wenn ein Fremdling bei euch in eurem Lande wohnt, sollt ihr ihn nicht bedrücken. Er soll bei euch wohnen wie ein Einheimischer unter euch, und du sollst ihn lieben wie dich selbst, denn ihr seid selbst Fremdlinge in Ägyptenland gewesen. Ich bin der Herr, euer Gott.«* (3. Mose 19,33-34)

3. Problembereich Bildung

Schaut man sich den Bildungsgrad der Menschen mit Migrationshintergrund an, fällt eine deutliche Diskrepanz ins Auge: Die Menschen aus den ehemaligen Anwerbestaaten Türkei, Griechenland, Italien, Portugal und Spanien haben im Vergleich zu den Deutschen im Schnitt niedrigere Schulabschlüsse, niedrigere Ausbildungsabschlüsse und weisen eine viele höhere Rate derer auf, die keinen allgemein bildenden

Schulabschluss und/oder keinen Berufsbildungsabschluss haben. Für alle anderen Länder gilt, dass sie insgesamt im Durchschnitt ebenso oder sogar besser als die Deutschen abschneiden. Ein Drittel der Türkischstämmigen zwischen 18 und 30 etwa hat keine berufliche Ausbildung und kann damit in eine Gesellschaft wie unsere kaum integriert werden.

Hier macht sich bemerkbar, dass man in den 60er-Jahren Millionen von Menschen vor allem für Arbeiten holte, die geringe Qualifikationen erforderten, schlecht bezahlt wurden oder von den Deutschen mehrheitlich gemieden wurden. Diese einstigen »Gastarbeiter« haben ihren schlechten Ausbildungsstand an die zweite und dritte Generation vererbt, woran das deutsche Schulsystem nichts geändert hat.

Der im Auftrag der Ständigen Kultusministerkonferenz der Länder erstellte Bildungsbericht 2005 hat in einem eigenen,

Abbildung 7: Statistik zum Berufsabschluss unter Ausländern in Deutschland

der »Migration« gewidmeten Teil im Detail nachgewiesen, dass Jugendliche mit Migrantenhintergrund dramatisch viel schlechter ausgebildet werden und dies vor allem türkische, iranische und afghanische Jugendliche betrifft. »Die PISA-Befunde zeigen: Während Schüler ohne Migrationshintergrund sowie Schüler aus der Herkunftsgruppe der sonstigen Staaten vor allem in Realschulen und am Gymnasium anzutreffen sind, besuchen Schüler mit mindestens einem Elternteil aus der Türkei, sonstigen Anwerbestaaten und der ehemaligen Sowjetunion vornehmlich Haupt- und Realschulen. ... Zudem durchlaufen Schülerinnen und Schüler mit Migrationshintergrund das Schulsystem aufgrund von Zurückstellungen und/oder Klassenwiederholungen mit deutlich größerer Verzögerung als deutsche Schüler.«[22]

Noch immer werden Kinder in die erste Grundschulklasse eingeschult, die kein Deutsch beherrschen, weil sie in einem rein türkischen oder arabischen Umfeld aufgewachsen sind. Das hat vor allem seinen Grund darin, dass in Deutschland aufgewachsene türkische Muslime häufig eine Verwandte (meist die Cousine) aus der Türkei heiraten. Die auch in Deutschland von Immigranten teilweise streng beachtete und im Islam tief verwurzelte Geschlechtertrennung und die islamisch-nahöstlichen Anstandsregeln, die die Frau nach traditionellem Verständnis sehr stark auf das Haus begrenzen, hat zur Folge, dass diese in Deutschland verheirateten Frauen nie einen Deutschkurs besuchen oder Kontakt zur deutschen Bevölkerung aufbauen.

Schüler mit Migrantenhintergrund bleiben auch zu oft nur unter sich. Der Bundesbildungsbericht 2005 hat im Detail belegt, dass jedes vierte Migrantenkind auf Schulen geht, in denen Migranten mehr als 50% der Schüler ausmachen, dagegen nur jeder Zwanzigste der Jugendlichen ohne Migrantenhintergrund! Migrantenkinder, die auf Schulen gehen, in denen sie die Mehrheit stellen, sprechen meist mit ihren Eltern und selbst mit ihren Freunden außerhalb der Schule selten Deutsch (und 16% gar nicht), während etwa bei Schulen mit weniger als 25% Migrantenanteil auch die Migrantenkinder häufiger selbst mit ihren Eltern Deutsch sprechen, erst recht mit ihren Freunden.

4. Problembereich Religion

Differenzierung tut not

Bevor wir uns den Gefahren im Bereich der Religion – hier des Islam – zuwenden, möchte ich klarstellen: Man muss im Hinblick auf Integrationsprobleme sehr deutlich die Gründe auseinanderhalten, die mit der Religion zu tun haben, und diejenigen, die mit sozialen Fragen wie Wirtschaft und Bildung zusammenhängen, auch wenn beide zusammenwirken können.

Die vielen türkischen Jugendlichen ohne Schulabschluss und Ausbildung, die auf Dauer arbeitslos bleiben, haben zunächst mit dem Islam wenig zu tun, sondern viel mehr mit der Geschichte der »Gastarbeiter« und dem deutschen Bildungssystem, das auch sonst kaum den sozialen Status der Eltern überwinden hilft. Hinzu kamen Fehler der Politik, die sich zu lange geweigert hat, etwa wie in Frankreich die Kenntnis der Landessprache vor der Einschulung zu fordern und zu fördern und notfalls mit legalen Mitteln zu erzwingen.

Da aber nun einmal eine wachsende Zahl nicht in die Arbeitswelt integrierter Türken in Deutschland lebt, verwundert es nicht, dass diese vermehrt für den Islamismus anfällig sind, zumal es in der Türkei ein Wiedererstarken des politischen Islam gibt – erkennbar an einer islamischen Regierungspartei – und in Deutschland viele radikale türkische Gruppen wirken, die in der Türkei selbst verboten sind.[23] Hier dann die Augen vor wachsenden Problemen wie Ehrenmorden, Gewalt an Frauen oder Predigt von Hass und Krieg zu verschließen, führt nicht weiter.

Viele Türken sind allerdings Namensmuslime, wie viele

Deutsche Namenschristen sind. So ernst die Fragen der Religion zu nehmen sind, so deutlich muss auch bleiben: Wirtschaftliche und bildungspolitische Probleme löst man nicht, indem man die Probleme ganz woanders festmacht. Und: *Die* Türken gibt es ohnehin nicht. Türken sind ethnisch, kulturell, religiös und sprachlich viel vielfältiger, als es der türkische Nationalismus und die Einheitsideologie der türkischen Verfassung vorgaukeln. Da ist nicht nur die große Zahl der Kurden aus der Türkei – auch und gerade in Deutschland –, sondern auch die ganze religiöse, kulturelle und soziale Bandbreite der Türkei zu betrachten.

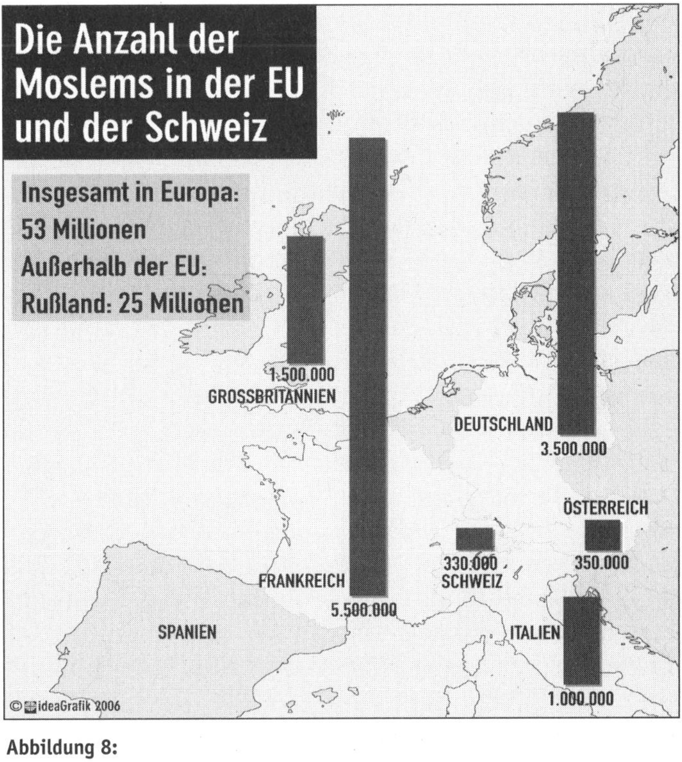

Abbildung 8:
Statistik über die Anzahl der Muslime in der EU und in der Schweiz (IDEA)

Zum Islam

Erkennbar ist aber auch, dass der Islam als Religion eher an Anziehungskraft gewonnen denn verloren hat. Von einem viel beschworenen »Abschleifen« der Religion in der zweiten und dritten Generation kann heute keine Rede mehr sein. Sicher gibt es die »säkularisierten« Muslime, die den gleichen Freizeitvergnügungen nachgehen wie deutsche Jugendliche, aber aufs Ganze betrachtet ist der Islam unter Immigranten eine lebendige Religion geblieben.

Die Gesamtzahl der gegenwärtig in Deutschland lebenden Muslime wird vom Statistischen Bundesamt nicht erfasst (vgl. aber Abbildung 8). Die Geschichte ihrer Einwanderung nach Deutschland ist so vielfältig wie die Formen des Islam, die sie aus ihren unterschiedlichen Heimatländern mitgebracht haben. »Mit der in den fünfziger Jahren beginnenden Arbeitsmigration gelangten zunehmend Arbeitnehmer islamischen Glaubens nach Deutschland. Die Hauptherkunftsländer, mit denen Anwerbevereinbarungen bestanden, waren die Türkei (1961), Marokko (1963), Tunesien (1965) und das ehemalige Jugoslawien (1968). Nach dem Anwerbestopp 1973 entschieden sich viele der ausländischen Arbeitnehmer für einen dauerhaften Verbleib im Gastland und damit verbunden für den Nachzug von Ehepartnern und Familienangehörigen. Wie insgesamt die Zahl der ausländischen Bevölkerung seither zugenommen hat, so stieg auch die Zahl der Muslime unter ihnen. Zusätzlich zu den Arbeitsmigranten und ihren Familienangehörigen führten seit Mitte der siebziger Jahre politische und kriegerische Auseinandersetzungen in verschiedenen Teilen der Welt Asylsuchende und Flüchtlinge muslimischen Glaubens nach Deutschland. Die Hauptherkunftsländer sind der Libanon (ab 1975), der Iran (ab 1979), Afghanistan (ab 1979) sowie zuletzt Bosnien-Herzegowina (ab 1992) und der Kosovo (1999). Aufgrund der bis heute weitgehend unveränderten politischen Verhältnisse sind viele von ihnen auf Dauer geblieben. Als dritte Bevölkerungsgruppe neben den beiden bisher genannten sind Muslime zum Studium nach Deutschland gekommen. ... die nach 1945 gegründeten Islamischen Zentren gehen wesentlich auf die Initiative von Studenten und Akademikern zurück.«[24]

Etwas verzweifelt steht man vor der neuen Auseinandersetzung mit dem Islam weltweit und damit gewollt oder ungewollt auch mit den Muslimen in Deutschland. Auf der einen Seite kann kein Christ Hass oder Verachtung gegen irgendeine Menschengruppe begrüßen, auch nicht gegen Muslime, andererseits steht man aber auch fassungslos vor der Naivität mancher, die meinen, mit einigen Dialogangeboten die weltweite Eruption von Gewalt im islamischen Bereich von Deutschland fernhalten zu können.

Während die einen alle Muslime in Deutschland für den weltweiten Terror mitverantwortlich machen, mahnen die anderen – Politiker wie Kirchenführer – nun bloß nicht alle Muslime zu verunglimpfen, sondern zu differenzieren. Statt aber dann auch wirklich zu differenzieren, behaupten sie, die Gewalt habe mit dem Islam gar nichts zu tun. Differenzieren heißt aber nicht, statt »Schwarz« »Weiß« zu sagen. Differenzieren heißt, aufzuzeigen, welche ungezählten Strömungen es unter 1,2 Milliarden Muslimen gibt, aber auch zu fragen, wo im Islam der islamistische Terrorismus anknüpfen kann und inwieweit er bei bestimmten Strömungen des Islam Unterstützung findet oder nicht.

Der Verfassungsschützer Herbert L. Müller hat sehr pointiert darauf verwiesen, dass eine »Idealisierung« des Islam, wie ihn etwa Annemarie Schimmel vornimmt (»die reine Form des Islam ist für Menschenrechte und Rechte der Frau«), ebenso an der Realität vorbeigeht wie die »Dämonisierung« des Islam, beispielsweise durch Adelgunde Mertensacker von der »Christlichen Mitte«[25], zu der ich mich ähnlich in meinem Buch »Feindbild Islam« geäußert habe.[26]

Denn hinter der Kritik am Islam verbirgt sich allzu oft auch eine gehörige Portion Nationalismus, und zwar eine merkwürdige Mischung eines christlich-deutschen Nationalismus: Verteidigt wird dabei nicht der Glaube an Jesus Christus, sondern die kulturelle Ausprägung der christlichen Religion – und das selbst da, wo diese sich längst weit von ihren christlichen Wurzeln entfernt hat und eine reine Namensgröße geworden ist.

Andererseits will man allzu oft die gewalttätige Ausprägung bestimmter Richtungen des Islam nicht wahrhaben. Wenn im Iran ein Muslim zum evangelikalen Glauben oder zu den Bahai überwechselt, sind er und seine Familie unmittelbar vom Tod bedroht. Aber in Deutschland wird ihm im Regelfall trotzdem nicht der Asylstatus gewährt. (Warum musste er auch unbedingt den Islam verlassen?) Aber der zu Mord aufrufende »Kalif von Köln« Metin Kaplan, der rechtskräftig verurteilt war, hat die deutschen Behörden genarrt und durfte lange nicht an die Türkei ausgeliefert werden.

Wenn Islamwissenschaftler in Deutschland Polizeischutz benötigen und viele von ihnen sich in der Öffentlichkeit immer vorsichtiger ausdrücken, dann ist das kein Problem von Parallelgesellschaften, sondern ein Problem des Rechtsstaates. Wenn Menschen meinen, aus religiösen Gründen den deutschen Rechtsstaat nicht akzeptieren zu müssen, sondern ihr vermeintliches Recht selbst gewaltsam in die Hand nehmen zu dürfen, dann muss ihnen der Rechtsstaat offensiv entgegentreten, aber auch ernst nehmen, dass ihre Begründung religiöser Natur ist.

Denn ganz so einfach, den Deutschen zu sagen, dass sei alles nur Folge von Panikmache und Ausländerfeindlichkeit, ist es sicher nicht. Man überlege einmal, wie viel differenziert würde, wenn evangelikale Christen in aller Welt Bomben werfen würden und dann erwarten würden, dass man dies in Deutschland im Umgang mit ihnen völlig außer Acht lässt. Die Evangelikalen werden in Deutschland oft genug bereits ausgegrenzt, obwohl sie wirklich völlig friedlich sind. Aber es sind nun einmal keine evangelikalen oder konservativkatholischen Organisationen, die in den Verfassungsschutzberichten des Bundes und der Länder aufgeführt werden, sondern radikale islamische Gruppen.

All das sind nur die Vorboten für Fragen, die noch viel tiefer in unseren Alltag einschneiden werden, nimmt doch die Zahl der Muslime unter den Staatsbürgern durch die Einbürgerungen jährlich zu. So werden längst unter der Hand tief greifende Veränderungen unserer Rechtskultur geduldet, etwa wenn Muslime mit mehreren Frauen in unser Sozialsystem eingegliedert werden, das dann bei einem Verdiener für viele Erwachsene und Kinder zahlt. Morgen wird das Bundesverfassungsgericht womöglich zu entscheiden haben, ob die Religionsfreiheit eines Muslims nicht gefährdet ist, wenn er nur eine Frau heiraten darf.

Das zentrale Problem, dem sich jede Politik stellen muss, die grundsätzlich eine multikulturelle Gesellschaft gerecht und friedlich gestalten will, ist nicht nur die Gewaltbereitschaft unter bestimmten islamischen Gruppen. Im Hintergrund steht nämlich die Grundauffassung, dass der Islam im Gegensatz zum Christentum und zur Aufklärung, die unseren Kulturkreis geprägt haben, keine wirkliche Trennung von Kirche und Staat kennt, sondern religiöse Angelegenheiten über staatliche stellt, weswegen notfalls der einzelne Muslim das islamische Recht vollziehen darf, wenn der Staat dies nicht tut. Die weltweiten Proteste gegen die Karikaturen in Dänemark haben das deutlich vor Augen geführt: Hier ließ man nicht Dänemark seine inneren Angelegenheiten mit seinen muslimischen Bürgern selbst lösen, sondern weltweit nahmen Muslime das Recht in ihre Hand, selbst gegen völlig Unbeteiligte.

Daraus leitet sich ein anderes Problem ab: Während das Christentum die Menschenrechte gerade für jeden Menschen, auch den Nichtchristen, begründet, da sie jedem als Geschöpf Gottes zustehen, begründet die islamische »Kairoer Erklärung der Menschenrechte«[27] von 1990 die Menschenrechte aus dem islamischen Gesetz, der »Scharia«[28], und lässt sie nur insoweit gelten, als die Scharia unangetastet bleibt. *Die* »Charta des Zentralrates der Muslime« in Deutschland tut das Gleiche.[29] Es wird eine der zentralen Herausforderungen für die deutsche Politik werden, wie man solche muslimischen Mitbürger, die sich der Scharia verpflichtet fühlen, integrieren kann, ohne der Scharia nachzugeben.

Aus christlicher Sicht: Mission

Als Staatsbürger setzen sich Christen in einer Demokratie auch politisch für das Beste der Gesellschaft, aber auch für Minderheiten ein. Die eigentliche Veränderung erwarten sie aber durch eine Veränderung der Gesinnung vieler Menschen, die sich neu auf die Liebe zu Gott und die Nächstenliebe ausrichten. Mission darf deswegen nie durch den Staat oder sonstige Machtfaktoren erfolgen, ist aber aus christlicher Sicht immer ein gewaltiger Faktor zur Veränderung der Gesellschaft. Klaus Bockmühl schreibt: »Eine wirkliche Erneuerung der Sittlichkeit kommt nicht auf dem Weg über das Strafrecht zustande, sondern durch Erneuerung des sittlichen Verhaltens einer großen Zahl einzelner Menschen.«[30] Und Abraham Kuyper, ein bedeutender calvinistischer Theologe und zeitweilig niederländischer Ministerpräsident, schreibt trotz seines enormen politischen Engagements: »In der Regierung des Staates darf die Gemeinde nicht herrschen wollen. Ihr Werkzeug ist das freie Wort, ihre Macht der Einfluß von Mensch auf Mensch in seinem Gewissen, seinem Haus, der Welt seines Denkens, dort laßt Christi Geist herrschen, und ganz von selbst wird er es tun in der Verwaltung des Landes.«[31]

Deswegen gibt es für Christen nur einen Weg auch zur Erneuerung der Politik und der Gesellschaft, so wichtig es ihnen auch ist, aus dem Gesetz Gottes zu erheben, was falsch läuft und wie Gott es haben möchte: »Wenn mein Volk, über das mein Name ausgerufen ist, sich demütigt und betet und mein Angesicht sucht und von seinen bösen Wegen umkehrt, dann werde ich vom Himmel her hören und ihre Sünden vergeben und ihr Land heilen« (2. Chronik 7,14). Dann kann die Kirche auch echte Fürbitte für Gesellschaft und Staat leisten. Hoffen wir nur, dass für uns nicht gilt, was Gott durch Hesekiel erschüttert feststellen musste: »Ich suchte unter ihnen jemanden, der eine Mauer ziehen und vor mir für das Land in die Bresche treten würde, damit ich es nicht vernichten müsste, aber ich fand niemanden« (Hesekiel 22,30).

Deswegen wage ich es zu sagen: Nicht die Muslime, sondern der Zustand der Christenheit (auch der zerstrittenen evangelikalen Christenheit) ist eine Bedrohung für Europa! Wir haben die Chance der Mission unter vielen Menschen anderer Kulturen jahrzehntelang verpasst, aber noch immer ist sie da und vielleicht so groß wie nie zuvor.

Aus christlicher Sicht:
Dialog mit anderen Religionen?

Dialog im Sinne von friedlicher Auseinandersetzung, ehrlichem und geduldigem Zuhören und Lernen von anderen ist eine christliche Tugend. Ein Dialog zwischen überzeugten Christen und Anhängern anderer

Religionen und Weltanschauungen ist in dem Sinne möglich, dass Christen gerne friedlich mit anderen über ihren Glauben sprechen (»Rechenschaft geben ... aber mit Sanftmut und Ehrerbietung«, 1. Petrus 3,15-16), anderen gerne zuhören (Jakobus 1,19), in vielen Bereichen aus der Lebenserfahrung anderer lernen (siehe das ganze Buch der Sprüche) und bereit sind, sich selbst und ihr Verhalten immer wieder neu in Frage stellen zu lassen.

Dialog im Sinne von Aufgabe des christlichen Wahrheitsanspruchs oder von Aufgabe der Weltmission ist undenkbar, ohne das Christentum selbst aufzulösen. Wenn unter Dialog verstanden wird, dass der innerste Wahrheitsanspruch Jesu Christi (Johannes 14,6), des Evangeliums (Römer 1,16-17; 2,16) und des Wortes Gottes (2. Timotheus 3,16-17; Hebräer 4,12-13; Johannes 17,17) im Gespräch mit Anhängern anderer Religionen außer Kraft gesetzt werden soll und die biblische Offenbarung mit den Offenbarungen anderer Religionen auf eine Stufe gestellt wird, ist »Dialog« weder mit christlicher Mission noch überhaupt mit dem Wesen des Christentums zu vereinbaren.

Zudem ist die Trennung von Kirche und Staat auch für den einzelnen Christen wichtig. Es ist ein Unterschied, ob er sich als Staatsbürger politisch äußert oder als Kirchenmitglied für die multikulturelle weltweite Gemeinde Jesu wirbt. Deswegen kann ein Christ als Glied der Gemeinde Jesu mit Muslimen Gastfreundschaft teilen und ihnen in Sanftmut seinen Glauben erklären (1. Petrus 3,15), zugleich aber auch als Staatsbürger gegen den schleichenden Umbau seiner Alltagswelt in ein »islamisches Haus« Stellung beziehen.

Jugendliche Gewalt

25-30% der Insassen der Justizvollzugsanstalten sind Ausländer, allen voran Türken und Russen (Russlanddeutsche).[32] Bei aller Ursachenforschung, die mancherlei Aspekte zutage fördern wird, braut sich hier ein wirkliches Problem der Integration zusammen, das für die Betroffenen und ihre Lebensperspektive eine Katastrophe darstellt, für die Gesellschaft gefährlich ist und zudem unnötig den Vorurteilen von Ausländerfeinden Nahrung gibt.

Türkische Jugendliche werden doppelt so häufig gewalttätig wie deutsche. Das sind keine Behauptungen von Ausländerfeinden, sondern Ergebnisse seriöser Forschung, die auch von »protürkischen« Autoren mahnend angeführt werden, so sehr sie auch zu Recht auf die vielerlei Gründe dafür hinweisen.[33] Konfliktforscher wie Wilhelm Heitmeyer warnen vor der unheilvollen Allianz von Gewaltbereitschaft und zunehmendem religiösen Fundamentalismus und halten im Kleinen erprobte und von der Politik viel zu wenig beachtete Konzepte bereit, wie man mit diesen Jugendlichen arbeiten kann.[34]

Eine soziologische Untersuchung im Jahr 2000 kam zu dem Ergebnis[35], dass sich 33% der türkischen Jugendlichen als »modern-liberal« einschätzten, 17% als »religiös-traditionell« und 50% als »teils-teils«. Eine weitere Studie des »Essener Zentrums für Türkeistudien« legt den Schluss nahe, dass sich derzeit der Anteil der Unentschiedenen erhöht. Auch hier gilt, dass es sich nicht um ein rein religiöses Phänomen handelt. Denn dieselben Untersuchungen zeigen: Je reicher Eltern und Kinder sind, desto höher der Prozentsatz der sich als liberal denkend bezeichnenden Türken.

5. Das Schlagwort »Parallelgesellschaft«

Das Schlagwort »Parallelgesellschaft« bezeichnet eine nicht akzeptierte gesellschaftliche Selbstorganisation einer Minderheit. Das Wort wurde bei der Wahl für das Wort des Jahres 2004 auf den zweiten Platz gewählt. Das ist eine erstaunliche Karriere, denn das Wort ist erst seit 1996 in Umlauf und erst seit dem 11. September 2001 und dem Mord an dem islamkritischen niederländischen Regisseur Theo van Gogh populär.

Dennoch wird der Begriff oft schon wie eine Wahrheit in sich selbst verwendet. So führen etwa die Kultusministerien inzwischen gegen Privatschulen und Homeschooling (Privatunterricht in der Familie als Ersatz für staatlichen Unterricht) in ihrer Begrifflichkeit schnell die Warnung vor »Parallelgesellschaften« ins Feld, obwohl es kein einziges Gesetz gibt, dass eine »Parallelgesellschaft« verbietet. Des Öfteren wird so getan, als wenn das Verhindern von Parallelgesellschaften den Rang eines Verfassungswertes hätte. Das deutsche Grundgesetz sichert dagegen vielmehr dem nicht kriminellen Bürger alle Freiheitsrechte zu, die ihm ermöglichen, innerhalb der Grenzen des Gesetzes seine eigene Kultur auszuleben, sei es im Kleinen als Familie, sei es im größeren Verbund mit anderen. Die dänische Minderheit wird von der Verfassung Schleswig-Holsteins ebenso geschützt wie die ca. 60.000 Sorben und Wenden in der Lausitz von den Landesverfassungen von Sachsen und Brandenburg.

»Vorsicht ist also geboten, wenn der Begriff ›Parallelgesellschaft‹ als Kulturkampf-Ideologem verwendet wird, um gegen tatsächlich bedenkliche zunehmende Hermetisierungstendenzen der islamischen Bevölkerung in unserem Lande zu argumentieren. Vielleicht hat solcherart Abgrenzung auch soziale Ursachen. Bei einer Vollbeschäftigung dieser Menschen wäre sie womöglich lange nicht so ausgeprägt. Da Gesellschaft auf Konvention und Vertrag gründet, steht außer Frage, dass auch die Muslime Recht und Gesetz achten müssen. Doch das Gesetz behandelt alle Menschen in Deutschland gleich ... Das Modell Deutschland ist keine Zwangsgemeinschaft.«[36]

Und wieso sollte es nur eine gefährliche Parallelgesellschaft sein, wenn Ausländer anders leben? Leben die wohlhabenden Deutschen auf Mallorca und Sylt nicht auch in einer ganz anderen Welt als deutsche Arme und Arbeitslose in einer Hochhaussiedlung in Köln? Und gehört es nicht gerade zur Freiheit unserer Gesellschaft, nicht so leben zu müssen wie alle?

Wohnviertel, in denen der überwiegende Teil der Bevölkerung einer »fremden« Kultur angehört, müssen auch gar nicht als Ghetto etikettiert werden. So ist gerade die »Chinatown« von New York und in anderen Städten ein Modell, das über ein solch eingeschränktes Denken hinausweist. Das Beispiel »Chinatown«, wie es sich (analog auch mit anderen Volksgruppen) in vielen Ländern der Erde findet, zeigt nämlich, dass ein Wohnviertel, das überwiegend von einer dem Land an sich »fremden« Kultur bestimmt wird, in sich weder den Staat gefährdet, noch darüber entscheidet, ob Integration gelungen ist oder nicht. Im Übrigen gibt es genügend funktionierende Länder, in denen »Chinatown« ein anerkanntes Konzept ist. In den USA gibt es mit den »Amish People«[37] eine wirkliche Parallelgesellschaft, »Chinatowns« in jeder Großstadt. Und die wahren Probleme zwischen ethnischen Gruppen in den USA kommt gerade oft dort in Ungerechtigkeiten zum Ausdruck, wo keine sichtbare Parallelgesellschaft existiert.

In der Nähe meiner Wohnung in der Fußgängerzone in Bonn finden sonntags je ein großer polnischer und ein großer italienischer Gottesdienst statt. Stunden nach dem Gottesdienst stehen die Teilnehmer noch beisammen. Parallelgesellschaft?

Gescheiterte Integration? Müsste hier nicht Deutsch gesprochen werden? Tatsächlich aber sind die Italiener und die Polen, die sich in Deutschland ihre eigene Kultur bewahren, eine Bereicherung unseres Alltags und keine Bedrohung.

In Deutschland leben 24.000 Koreaner. Während jedoch muslimische (oder etwa auch amerikanische) Gäste und Einwanderer in Deutschland (und überall) sich schwertun, die einheimische Sprache zu lernen, lernen die Koreaner traditionell die Sprache ihres Gastlandes enorm schnell und verbieten sogar zum Teil, sich als Koreaner untereinander auf Koreanisch zu unterhalten. Koreaner sind oft gute Geschäftsleute und wissen, dass sie nur mit guten Sprachkenntnissen Geschäfte machen können. Die Bildung ihrer Kinder hat einen extrem hohen Stellenwert, weswegen die Kinder in deutschen Schulen kaum als lernschwach auffallen. Ähnliches gilt für die 73.000 Chinesen in Deutschland. Julia Schaaf nennt sie die »perfekten Einwanderer«[38]. »Sie sind arbeitsam und bildungsbeflissen« und trotz der von ihnen gerne gebildeten »Parallelgesellschaft« perfekt in unser Bildungs- und Wirtschaftssystem integriert, wo sie meist besser abschneiden als der deutsche Durchschnitt.

Ein anderes Beispiel: Die »Zeugen Jehovas« verweigern theologisch begründet jede politische Mitwirkung an unserem Staat. Auch das schweigende Stehen mit Verteilschriften an unseren Straßen ist unserer Kultur sicher immer noch fremd. Doch obwohl sie in den christlichen Kirchen (und damit auch in meinem geistlichen Hintergrund) die Hure Babylon und den Antichristen sehen und versuchen, möglichst viel gemeinsam zu leben und möglichst wenig mit der Gesellschaft zu tun zu haben, kann man doch nicht behaupten, ihre »Parallelgesellschaft« stelle irgendeine Gefahr dar. Auseinandersetzungen vor dem Bundesverfassungsgericht oder um die Frage, ob Eltern eine Bluttransfusion für ihre Kinder verhindern dürfen, bleiben im Rahmen unseres Rechts und verlaufen friedlich.

Schließlich ein »türkisches« Beispiel: In Berlin-Kreuzberg wird Ende 2006 das bundesweit erste Altenpflegeheim ausschließlich für türkische Senioren eröffnet. Im Konzept werden spezifische Bedürfnisse berücksichtigt: Umgangssprache, Küche und Kulturprogramm sind türkisch geprägt. Zudem sollen die Bewohner bei der Intimpflege nur von Personal des gleichen Geschlechts versorgt werden und die Ansprache der Patienten durch das Personal intensiver ausfallen als in deutschen Heimen. Würden sie als türkischer Senior oder Seniorin nicht lieber hier ihren Lebensabend verbringen als in einem »deutschen« Heim? Und suchen sich nicht auch viele deutsche Senioren und Seniorinnen gerne ein Heim, das ihren persönlichen Vorstellungen entspricht?

Es empfiehlt sich meines Erachtens, den Begriff »Parallelgesellschaft« zu meiden oder sehr genau zu definieren. Sofern wir den Begriff dann doch verwenden, sollte es nicht geschehen, um damit Umstände zu bezeichnen, in denen Menschen lediglich anders leben oder ihre angestammte Heimatkultur im Zusammenhalt mit anderen bewahren wollen. Man sollte den Begriff vielmehr darauf eingrenzen, wo Teile der Gerichtsbarkeit innerhalb kultureller Gruppen vollzogen werden und Polizei und Justiz des Landes nicht mehr eingreifen können, wenn also statt des Gewaltmonopols des Staates eine gesellschaftliche Gruppe das Recht auf Gewalt an sich reißt.

Was unterscheidet denn solche Bevölkerungsgruppen, die bei »den Deutschen« Sorge und Ängste auslösen, von den Koreanern, Italienern oder Zeugen Jehovas? Es ist die Gewaltbereitschaft, die interne Gerichtsbarkeit und die Bestrafung nach eigenen Gesetzen. Hier muss also auch der deutsche Staat ansetzen: Er muss das Gewaltmonopol des Staates unter dem Vorrang des Rechtssystems sichern.

Das Problem ist also nicht so sehr die parallele Kultur, sondern das parallele Rechtssystem oder Rechtsdenken. Dabei spielt es eine untergeordnete Rolle, ob dies unter jugendlichen kriminellen Russlanddeutschen einfach nur praktiziert wird oder ob es bei fundamentalistischen Muslimen in der islamischen Scharia oder religiös begründetem Familienverständnis verankert ist.

Die europäische Verfassung beginnt mit dem Hinweis, dass Europa ein Lebensbereich des »Gesetzes« ist. Was Deutschland zusammenhält, ist eine Verfassung; was Europa zusammenhält, sind gemeinsame und funktionierede Rechtsstandards. Wie schon im Alten Testament alle dem gleichen Gesetz (der Tora) unterstanden und kein Mensch über ihr stand – die erste Kultur dieser Art, die einen Text zum Herrscher des Landes machte –, so gilt in Deutschland die Verfassung und mit ihr Recht und Gesetz als oberster Maßstab über jedem Regierenden.

Auch die Schweiz ist dafür ein schönes Beispiel: Die Parallelgesellschaften mit verschiedenen Sprachen werden seit Jahrhunderten eigentlich nur durch das Rechtssystem zusammengehalten, das die Schweiz zu einem der freiesten (und uneinheitlichsten) Länder der Erde gemacht hat.

Deutlich wird mit der Frage nach der illegitimen Gewalt aber auch: Es sind nicht *die* Ausländer oder Migranten, die in Deutschland Probleme verursachen, sondern nur ganz bestimmte Ausländer- und Migrantengruppen. So wie die Rechtsradikalen nicht repräsentativ für *die* Deutschen sind, so sind die Befürworter von Ehrenmorden nicht repräsentativ für *die* Ausländer.

Damit dies nicht einfach als Verunglimpfung muslimischer Völker durch einen christlichen Autor verstanden wird, sei auf die andere Problemgruppe verwiesen: Zu den Aussiedlern aus den Staaten der ehemaligen Sowjetunion gehören nicht nur die Angehörigen großer friedlicher christlicher Freikirchen und fleißige Menschen, die sich gut in den Rechtsstaat integrieren, sondern leider auch russlanddeutsche Jugendliche, die wenig Deutsch sprechen und – ähnlich wie die russische Mafia – kriminelle Strukturen in Deutschland aufgebaut haben. In manchen deutschen Gefängnissen dominieren sie die Szene – zahlenmäßig und was die Ausübung von Gewalt angeht.[39]

Allerdings ist der Unterschied zu den Migranten aus muslimischem Hintergrund, dass ihr Schicksal weder mit einer Religion oder Weltanschauung verbunden ist noch mit einer die ganze Welt bewegenden Frage. Während man nämlich sehr wohl zwischen gewaltbereiten »Russen« und der großen Zahl friedlicher und arbeitsamer Russlanddeutscher unterscheidet und die deutschen »Russen« in den Tagesmedien nicht sonderlich in Erscheinung treten, erscheinen die Probleme der Türken bzw. Muslime in Deutschland – sicher oft auch ohne Absicht– geradezu auf dem Präsentierteller. Der weltweite islamistische Terrorismus und das Wiedererstarken des Islam in vielen Ländern sind eben Themen, die die Medien tagtäglich warmhalten. Und damit ist das Schicksal der Muslime in Deutschland nun einmal aufs Engste verknüpft.

»Es soll ein und dasselbe Recht unter euch gelten für den Fremdling wie für den Einheimischen; ich bin der Herr, euer Gott.«
(3. Mose 24,22; ähnlich 2. Mose 12,49)

6. Schlagwort »Multikulti« contra Schlagwort »Leitkultur«

Man kann »multikulturelle Gesellschaft« als Forderung wie folgt verstehen: »Oft wird die multikulturelle Gesellschaft als Idealvorstellung konzipiert. In einem typischen Modell einer multikulturellen Gesellschaft wird eine Assimilation nicht angestrebt; die Selbstbestimmung jeder Kultur wird nicht oder nur so weit angetastet, als sie nicht zum Konflikt mit anderen Kulturen führt (Toleranzprinzip). Dabei beruht das Modell auf dem gegenseitigen Verständnis, Respekt, Toleranz, Gleichberechtigung und Rechtsgleichheit der beteiligten Menschen. Idealerweise sollte weder eine Gruppe dominieren noch irgendeine Gruppe ausgeschlossen sein. Multikulturelle Gesellschaft findet überall dort statt, wo unterschiedliche Kulturen friedlich zusammenleben. Multikulturell meint nicht, dass es keinerlei Probleme zwischen verschiedenen Ethnien oder Religionsgemeinschaften gäbe, so wenig Demokratie politische Harmonie bedeutet. Konflikte müssen vielmehr als unvermeidlich angesehen und gemeinsam einer akzeptablen Lösung zugeführt, das Zusammenleben sollte durch interkulturelle Erziehung ›erlernt‹ werden ...«[40]

Der gebürtige muslimische Syrer und Göttinger Soziologieprofessor Bassam Tibi prägte genau gegen diese Vorstellung den Begriff »Leitkultur«, meinte allerdings die europäische Leitkultur, nicht die deutsche.[41] Für Bassam Tibi basiert diese auf westlichen Wertvorstellungen: »Die Werte für die erwünschte Leitkultur müssen der kulturellen Moderne entspringen, und sie heißen: Demokratie, Laizismus[42], Aufklärung, Menschenrechte und Zivilgesellschaft.«[43] Was er damit meint, entspricht also dem in der deutschen Verfassungsrechtsprechung üblichen Begriff der »freiheitlichen demokratischen Grundordnung«. Und er führt aus: »Leitkultur ist eine Friedensstrategie, von einem Einwanderer präsentiert, und kein Wahlkampfschlager.«[44] Aber genau das wurde der Begriff ebenso wie seine Ablehnung, wobei seine Befürworter wie seine Gegner in der Schwebe ließen, was sie eigentlich damit meinten. Denn wenn »Leitkultur« etwa bedeutet, dass alle das Gewaltmonopol des Rechtsstaates akzeptieren müssen, würden wir uns wohl alle darauf einigen können. Wenn »Leitkultur« aber meint, dass alle einen Fernseher oder ein Handy haben oder Volkslieder lieben müssen, dürfte es wohl jeder ablehnen.

Jedenfalls hat nach manchem Auf und Ab zuletzt Bundestagspräsident Norbert Lammert den Begriff wieder ins Spiel gebracht, jedoch wieder wie Tibi als europäische Leitkultur.[45] Er fordert, wieder zu fragen, welches unsere gemeinsamen Werte sind, die hinter der Verfassung stehen und die nur durch einen breiten gesellschaftlichen Konsens getragen werden können.[46]

Nur stellt sich die Frage: Sind wir überhaupt noch in der Lage, uns auf irgendetwas zu einigen? Haben wir über die formalen Kriterien einer Demokratie hinaus noch eine materiale, inhaltliche Gemeinsamkeit aufzuweisen? Bassam Tibi ist voll und ganz zuzustimmen: »Europa steckt zur Zeit in einer tiefen Krise, die in einer Werte-Beliebigkeit und Orientierungslosigkeit und folglich in Zweifeln an sich und der eigenen Zivilisation zum Ausdruck kommt.«[47]

Doch was hat Tibi selbst als Fundament zu bieten? Er schreibt: »Ich trete ein für die Aufklärung als Identität Europas.«[48] Ist das genug? Die Aufklärung allein brachte aber neben vielem Guten und mancher Freiheit auch Mord und Totschlag hervor, wie ebenso fast alle Religionen. Ohne einen funktionierenden Rechtsstaat nützt auch die beste philosophische Tradition nichts. So sehr es zu begrüßen ist, dass Tibi vor dem Traum der friedlichen »multikulturellen Gesellschaft« warnt, der nicht bereit ist, Feinden einer freiheitlich-demokratischen Grundordnung entgegenzutreten – womit Tibi als liberaler Muslim vor allem islamistische Muslime meint –, so traurig stimmt es, dass er den christlichen Glauben ganz aus der Definition von Europa ausschaltet. Wenn er Christen erwähnt, dann nur als Ideenspender für wohlmeinende Multikultiromantik und Gutbürgertum oder aber wegen ihrer übertriebenen Neigung zu Schuldgefühlen und Vergangenheitsbewältigung. Aber wenn er aufzählt, was Europa hervorgebracht hat, fehlt das Christentum regelmäßig. Es ist ganz offensichtlich, dass Tibi die Aufklärung und säkulare Denker ebenso gründlich studiert hat wie den Islam aller Richtungen, das eigentliche Christentum aber überhaupt nicht kennt und nur als Karikatur verwendet. Schade!

Aber ohne die Christen in Deutschland oder gar gegen sie wird es kein friedliches Zusammenleben geben. Wir leben in Deutschland und Mitteleuropa in Frieden, weil in einem langen Prozess die christlichen Konfessionen und die Religionen aufgehört haben, Krieg gegeneinander zu führen und den Staat für ihre Zwecke zu missbrauchen. Die Trennung von Kirche und Staat im christlichen Denken hat überhaupt erst ermöglicht, eine Mehrheit für einen Rechtsstaat zu schaffen, der keiner Religion untersteht.

Zudem gilt, dass alle Werte letztlich in irgendetwas nicht zu Hinterfragendem begründet sein müssen, weswegen auch der aufgeklärte, säkulare Rechtsstaat nicht daran vorbeikommt, nicht nur davon zu leben, dass er funktioniert. Bernhard Sutor schreibt zu Recht: »Das Kernproblem gegenwärtiger Ethikdiskussionen liegt im Werte- und Überzeugungspluralismus unserer Zeit und Gesellschaft. Inhaltliche Wertvorstellungen gelten als nicht letztlich begründbar, sondern als Sache persönlicher Überzeugung oder ›Option‹. Die pluralistische Gesellschaft hat keine Instanz und soll aus Gründen der Glaubens- und Gewissensfreiheit auch keine haben, die oberste Werte oder Letztbegründungen verbindlich machen könnte.«[49] Und Horst Säcker fügt hinzu: »Das Grundgesetz ist keine nur formale Ordnung, die sich auf die Festlegung der Prozedur staatlicher Willensbildung, insbesondere die Einzelheiten des Gesetzgebungsverfahrens beschränkt. Damit allein läßt sich nämlich, wie die nationalsozialistische Vergangenheit gezeigt hat, die Rechtsstaatlichkeit hoheitlichen Handelns noch nicht sicherstellen. Besonders die Gesetzgebungsbeschlüsse sind nicht schon deswegen rechtsstaatlich unbedenklich, weil sie in dem hierfür vorgesehenen Verfahren zustande gekommen sind. Vielmehr muss ein Gesetz auch materiell, seinem Inhalt nach, mit dem Grundsatz der Gerechtigkeit als Postulat der Rechtsstaatlichkeit übereinstimmen.«[50]

Ist beispielsweise Pressefreiheit ein Wert in sich? Muss man nicht auch gemeinsame Werte haben, die man mit der Pressefreiheit schützt und für die man gegebenenfalls auch die Pressefreiheit einschränkt, etwa indem man – wie es ja bei uns Rechtslage ist – Aufrufe zu Gewalt und Terror oder die Behauptung, es seien gar keine Millionen Juden im Dritten Reich umgebracht worden (»Auschwitz-Lüge«), unter Strafe stellt?

7. Das Schlagwort vom »Kampf der Kulturen«

Der Harvard-Politikwissenschaftler Samuel P. Huntington hat wie kein anderer in neuerer Zeit in seinem Buch »Kampf der Kulturen"[51] deutlich gemacht, wie folgenschwer es ist, dass der Westen die verschiedenen Kulturkreise der westlichen Welt mit dem eigenen Maßstab misst und nicht begreift, dass andere Religionen und Weltanschauungen zu völlig anderen Sichtweisen in Wirtschaft, Recht und Gesellschaft führen. Huntington geht davon aus, dass der Westen seine weltanschaulichen Wurzeln wiederentdeckt und verteidigt[52] und damit auch den christlichen Glauben wieder in Ehren hält – oder untergeht. Der Wirtschaftswissenschaftler Siegfried Böttcher macht dann auch die Probleme der westlichen Welt in der Schwäche der christlichen Kirchen und damit der religiös-geistigen Kräfte aus.[53]

Huntington hat nicht zum Kampf der Kulturen aufgefordert oder den Zustand begrüßt, sondern lediglich die jetzige Weltlage analysiert und beschrieben. Seine These, dass das Ende des Ost-West-Konfliktes durch einen Kampf der Kulturen abgelöst wird, darunter ja nicht nur die westliche und islamische Kultur, sondern fünf weitere, hat sich in manchem bestätigt. Und auch die These, dass in der islamischen Kultur das Gewaltpotential am höchsten ist und eine weit verbreitete Stimmung herrscht, den Kampf der Kulturen nicht wie der Westen wirtschaftlich, sondern kriegerisch auszutragen[54], ist ja leider allzu oft Realität geworden. Dass an fast allen Rändern der islamischen Welt Krieg oder zunehmende Gewalt herrschen[55], selbst wenn diese Ränder mitten durch ein Land gehen (z. B. Sudan), ist offensichtlich.

Woran die These vom Kampf der Kulturen meines Erachtens zu Recht erinnert, ist, dass Menschen nicht nur von alltäglichen Entscheidungen bestimmt sind und Politik nie nur einfach die Politik des gerade Machbaren ist, sondern dass zu allen Zeiten große religiöse, weltanschauliche oder kulturelle Ziele, Träume und Ideologien die Entwicklung bestimmt haben. Eine säkulare Welt neigt dazu, diesen »Überbau« zu ignorieren.

Gleichzeitig besteht aber natürlich eine große Gefahr, wenn man vom »Kampf der Kulturen« spricht und diesen genau beschreibt, nämlich dass dieser Kampf dadurch zumindest verstärkt oder sogar erst in Gang gesetzt wird. Wissenschaftliche Zustandsbeschreibung ist nie neutral, sondern selbst wieder ein Faktor in der Auseinandersetzung. (Hinzu kommt noch die Gefahr, viele kleine »Kämpfe der Kulturen«, die jeweils ihre eigenen Ursachen und Abläufe haben, zu großen Kämpfen hochzurechnen und dadurch nicht miteinander zu vergleichende Situationen aufgrund einiger Gemeinsamkeiten »gleichzuschalten«.)

Gegenwärtig stellt sich meines Erachtens weniger die Frage,

ob es einen Kampf der Kulturen gibt, sondern wie man dafür sorgen kann, dass er dort, wo er stattfindet, in friedlichen Bahnen verläuft und nicht in Gewalt eskaliert. Insbesondere Christentum und Islam geraten weltweit immer mehr in ein Wettrennen. Während das Christentum dabei in den letzten Jahrzehnten immer friedlicher wurde und in seiner Ausbreitung immer stärker auf Überzeugung durch persönliche Mission und immer weniger auf politische Mittel oder sozialen Druck setzt, macht die islamische Welt genau die entgegengesetzte Entwicklung durch und nimmt sich in immer mehr ihrer Flügel das Recht, ihren Glauben mit Gewalt und finanzieller Unterstützung zu schützen oder zu verbreiten und ihr Recht auch denen aufzuzwingen, die es gar nicht wollen.

Nur wer diese Entwicklung nüchtern sieht, wird in der Lage sein, mit Überzeugung einerseits und dem nötigen Druck des staatlichen Gewaltmonopols andererseits friedliche Menschen überall zu schützen und gewaltbereiten Menschen überall zu wehren.

8. Die Schlagworte »Volk« und »Rasse«

»Ein Volk = eine Nation = ein Staat«?

Es gibt weltweit 200 Staaten, aber mindestens 640 Großethnien, Tausende kleiner Völker und 8.000 Sprachen. Es gibt in Afrika und Asien Staaten mit über 100 verschiedenen Sprachen und Ethnien, Staaten mit 10 und mehr Sprachen und Ethnien sind dort die Regel. Da erscheint die Formel »ein Volk = eine Nation = ein Staat« doch etwas wirklichkeitsfremd. Am »reinsten« verkörpert noch Japan eine monokulturelle Gesellschaft, und das auch nur, weil die ungezählten Ethnien, aus denen die Japaner zusammengewachsen sind, schon lange kein Eigenleben mehr führen.

Auch Mehrsprachigkeit ist international gesehen bei weitem das Normale, denn wenigstens 70% der Weltbevölkerung benötigen zwei Sprachen zum Leben. Reine Einsprachigkeit wie bei uns findet sich in nur wenigen Ländern.

Der Nationalismus wurde mit der Französischen Revolution anstelle des Christentums zur neuen Ersatzreligion. Er setzte voraus, dass ein einheitlicher Volksorganismus, die »Nation«, vorhanden wäre, der Träger aller Hoffnungen und Sehnsüchte, aber auch die Legitimation für Zwang und Macht wäre. Da dieses Einheitsvolk in der Realität nicht vorhanden war, versuchte man ihn mit Zwang herzustellen. Die Franzosen taten dies seit 1789 am erfolgreichsten und doch gelang es ihnen letztendlich nie vollständig, aus allen Einwohnern die Nationalsprache sprechende Einheitsbürger zu machen.

Der Nationalsozialismus ging einen brutaleren Weg, indem er versuchte, alle Deutschen (de facto ja nur alle Deutschsprachigen) in ein Reich zu vereinen und zugleich die als Nichtdeutsche definierten Juden, Sinti und andere auszurotten oder zu vertreiben. Der Nationalsozialismus und seine Folgen in den Vertreibungen nach dem Krieg sind bis heute der Hauptgrund, warum Deutschland eine so eindeutige Mehrheitskultur hat. Aus der Geschichte der Völker, die sich im deutschen Volk vermischt haben, und der politischen Geschichte der Vielstaaterei ergibt sich jedenfalls nicht, dass hier »ein Volk« unbedingt »einen Staat« benötigte.

»Nation« und »Volk« kann man sinnvoll nur auf drei verschiedene Weisen definieren:

***1. geografisch*:** alle, die in einem bestimmten Gebiet leben;
***2. politisch*:** alle, die zu einem bestimmten Staat gehören,
***3. kulturgeschichtlich*:** alle, die in einer gemeinsamen Kultur aufwuchsen, die über eine gemeinsame Geschichte verfügt.
Dagegen ist eine *4. rassisch-biologische* Definition, die sinnvoll Nation und Volk definieren könnte, nicht möglich.
(Die deutsche Politik pendelt übrigens nach Bedarf zwischen allen vier Definitionen hin und her.)

Was sollen denn etwa die Schweizer zur vierten Definition sagen? Sie haben zwar ein »Staatsvolk«, aber ihre Bevölkerung ist seit Jahrhunderten ethnisch von recht unterschiedlicher Abstammung und spricht Sprachen unterschiedlicher Sprachfamilien. Soll man die verschiedenen Schweizer Bevölkerungsteile auf die Nachbarländer aufteilen? Oder fragen wir zur Überleitung zum folgenden Exkurs: Will Gott, dass französischsprachige Schweizer nur in Frankreich leben und nur Franzosen heiraten?

Aus christlicher Sicht: Volk als Schöpfungsordnung?

Für viele Christen hat das »Volk« im Sinne der soeben abgelehnten Definition als Abstammungsgemeinschaft eine ebenso von Gott eingesetzte Qualität wie Familie, Kirche, Arbeit/Wirtschaft oder Staat. Während wir jedoch für die genannten vier Institutionen klare Belege dafür in der Bibel finden, dass Gott sie geschaffen hat, sie will und ihnen für bestimmte Aufgaben Autorität verleiht (z.B. 1. Mose 1,26-27; Römer 13,1-7; Epheser 1), finden wir dies nirgends für die Institution »Volk«. Völker entstehen in der Bibel zum einen daraus, dass Menschen Kinder haben, aber auch durch Vermischung: durch Heirat, Wanderung und Kriegsfolgen.

Wenn es für Christen überhaupt ein besonderes Volk gibt, dann sind es die Juden, und gerade vom Volk Israel sagt Gott, dass er es keinesfalls erwählt hat, weil es etwas Besonderes wäre (5 Mose 7,7-8). Und selbst für Israel galt und gilt, dass es sich nicht über seine biologische Abstammung definiert, sondern über seinen Glauben und seine gemeinsame Geschichte. Denn schon im Alten Testament brachen Teile der Abstammungslinien aus dem Volk Israel weg, gingen Israel »verloren« und entwickelten ihre eigene Geschichte und Kultur (z.B. Esau und seine Nachkommen). Zudem wurden manche Nichtjuden durch Bekehrung zu vollwertigen Juden (z.B. Moses Schwiegerverwandtschaft, die Hure Rahab mit ihrer Familie, Rut).

Es gilt gerade angesichts des Versagens vieler Christen im Nationalsozialismus: »Die einzige Antwort darauf ist – und evangelikale Christen haben eine heilige Verantwortung, sie ohne Furcht oder Parteilichkeit zu verkündigen –, dass keine Nation Heilsqualität besitzt und dass alle Völker und jeder Einzelne aufgrund genau des gleichen göttlichen Maßstabes der Gerechtigkeit gerichtet werden ...«[56]

Es gibt keine biblische Berechtigung für die Einordnung des – rassisch-biologisch gedachten – Volkes als eigene Autoritätsstruktur und als von Gott eingesetzte Schöpfungsordung neben und in Abgrenzung zum Staat, der im Regelfall ja immer wenigstens einige Bürger völlig anderer Abstammung beherbergt. Mit Karl Barth wenden wir uns gegen die »Erhebung des Begriffes ›Volk‹ in die Reihe der theologisch-ethischen Hauptbegriffe«[57], so dass das Volk plötzlich und angeblich zu einer »Schöpfungsordnung« wie die Familie wird.[58] Gott hat dem Staat das Gewaltmonopol gegeben, der Kirche das »Predigtmonopol«, der Familie das »Erziehungsmonopol«. Das biologische »Volk« dagegen hat keinerlei Autorität über irgendjemanden, ja, es gibt es so eigentlich gar nicht.

»Rasse« und »Rassismus«

»Rassismus« ist die Bezeichnung für jede Theorie und Praxis, die Menschen auf Grund realer körperlicher Merkmale wie Hautfarbe oder Gesichtszüge mit Werturteilen versehene Eigenschaften und einen unterschiedlichen Status zuteilt. Dies kann von Vorurteilen bis zu ausgearbeiteten Ideologien reichen, die verschiedenen Völkern oder Rassen einen unterschiedlichen Wert zuordnen. Die Folgen reichen in der Praxis von Trennungsneigung (»Rassentrennung«) über Diskriminierung bis zu Rassenhass und daraus resultierender Gewalt.

Es ist ein Irrtum vieler rassistischer und nationalistischer Strömungen, dass man die rassische Herkunft mit der staatspolitischen Zugehörigkeit oder dem Sprechen einer Sprache gleichsetzen kann[59]. Die meisten Staatsvölker sind historisch gesehen Mischvölker, und die Muttersprache hat mit der rassischen Zugehörigkeit zunächst einmal gar nichts zu tun, denn oft sprechen mehrere Völker dieselbe Sprache oder sind mehrere Sprachen innerhalb eines Volkes anzutreffen. Zudem bleiben alle Versuche, die Menschheit ebenso in biologische Rassen zu unterteilen, wie man dies mit Tieren und Pflanzen kann, vage, willkürlich und unsicher. Dies gilt ebenso für die biologisch nicht greifbaren Unterschiede etwa zwischen Franzosen und Deutschen wie für die ganz grobe Einteilung: »Bei der Einteilung der Menschen in Rassen herrscht nur hinsichtlich der großen Gruppen der weißen, schwarzen und gelben Rassen eine gewisse Einigkeit. Eine besondere indianische Rasse wird im allgemeinen heute nicht mehr angenommen. Sie galt lange Zeit als Teil der gelben, doch haben exakte Untersuchungen ... gezeigt, dass diese Zugehörigkeit nicht eindeutig ist. Zahlreiche andere Gruppen (Eskimos, Australier, Pygmäen, Buschmänner) finden in der groben Rasseneinteilung bisher noch keinen Platz. ... Die Versuche, die weiße Rasse weiter zu unterteilen, haben bisher zu keinen eindeutigen Ergebnissen geführt.«[60]

Wir wissen heute, dass die Kultur eines Menschen nicht

durch die Biologie oder die Genetik vermittelt wird, sondern durch die frühkindliche Erziehung. Kultur wird uns als kleinen Kindern anerzogen, sie ist nicht genetisch bedingt. Wir wissen längst: Jedes Kleinkind ist in der Lage, jede Sprache und Kultur der Welt zu entschlüsseln und zu seiner eigenen zu machen.

Wenn beispielsweise mein Sohn im Alter von einem Jahr von Eltern in Japan oder Kenia adoptiert worden wäre, würde er jetzt die Sprache dieser Eltern sprechen, das Denken ihrer Kultur angenommen haben und sich wie ein Japaner oder Kenianer fühlen. Lediglich sein Aussehen und die Reaktion anderer darauf könnten zu Problemen führen. Würde er nie erfahren, dass er biologisch »deutsche« Eltern hatte, würde er sich vermutlich auch nie für Deutschland interessieren. Umgekehrt: Wenn meine Frau und ich ein einjähriges Kind aus Japan oder Kenia adoptieren würden, würde es eines Tages wahrscheinlich als »typisch deutscher Tourist« auffallen, nur dass sein Aussehen für manche nicht dazu passen würde. Ich habe »typisch Schweizer« Freunde, die eine dunkle Hautfarbe haben, aber so heftig Berndeutsch sprechen, gegen die EU und für Volksabstimmungen sind, dass vom »Afrikaner« nichts mehr zu finden ist.

Das Beispiel der Deutschen und Franzosen macht schön deutlich, dass sich ihre Kultur aufgrund ihrer unterschiedlichen Geschichte unterscheidet, nicht aber biologisch. Zur Zeit Karls des Großen fehlte jedes Bewusstsein, dass es sich hier um zwei Völker handele. Franken und Germanen entwickelten sich aus ungezählten Volksstämmen, vermischten sich untereinander und konnten sich um 800 noch gut miteinander verständigen. Seitdem sind beide Kulturen vielfältig vermischt worden (man denke nur an die französischen Hugenotten, die nach Preußen kamen). Auf beiden Seiten wurden Menschen vieler anderer Völker aufgenommen. Erst mit der Geburt des Nationalismus während der Aufklärung und in den »Freiheitskriegen« gegen Napoleon kam der

Gedanke auf, die Franzosen und die Deutschen seien zwei biologisch abgrenzbare Größen und aus ihrer Biologie ergebe sich jeweils ihr Nationalcharakter. Und seitdem streiten sich die beiden, ob Karl der Große nun der größte Franzose oder der größte Deutsche war.

Die genetischen Unterschiede zwischen Menschen innerhalb einer »Rasse« sind, so wissen wir heute, im Durchschnitt größer als die genetischen Unterschiede zwischen verschiedenen »Rassen«. Von ausgeprägten Körpereigenschaften wie der Hautfarbe ist kein Schluss auf andere Eigenschaften und keine Bewertung derselben möglich. Die Verknüpfung von Körpermerkmalen mit Charaktertypen ist eine völlig willkürliche Wertung.[61]

Aus christlicher Sicht:
Es gibt kein Ansehen der Person vor Gott!

Das Menschenrecht auf ein gerechtes Gerichtsverfahren findet sich schon seit Jahrtausenden im Alten Testament. Um entscheiden zu können, was Recht ist, bedarf es eines gerechten Richters. Gott aber ist der gerechte Richter schlechthin (z.B. 5. Mose 10,17-18; Psalm 7,9.12; 9,5; 50,6; vgl. Psalm 75,3.8), »denn der Herr ist ein Gott des Rechts« (Jesaja 30,18). Wer immer gerechtes Recht spricht, handelt im Auftrag Gottes.

Dementsprechend kennt die Bibel viele Anweisungen für ein menschenwürdiges und gerechtes Gerichtsverfahren. Für die Anklage waren zum Beispiele »zwei oder drei Zeugen« (z.B. 4. Mose 35,30; 5. Mose 17,6; 19,15; Matthäus 18,16; Johannes 8,17; Hebräer 10,28; 1. Timotheus 5,19) notwendig, damit die Anklage »aus zweier oder dreier Zeugen Mund« (5. Mose 17,6) kommt. Abzuweisen sind »gewalttätige Zeugen« (Psalm 35,11). Im Urteil sollte »kein Ansehen der Person« (5. Mose 1,17; 2. Chronik 19,7; Sprüche 18,5; 24,23; Hiob 13,10; Epheser 6,9; Kolosser 3,25) gelten, denn auch Gott selbst kennt kein Ansehen der Person (z.B. 5. Mose 10,17-18). Nur böse Richter »sehen die Person an« (Jesaja 3,9). Das Urteil sollte auch, »ohne jemanden zu bevorzugen«, und »vorurteilsfrei« (1. Timotheus 5,21) gefällt werden, und alles muss man »genau untersuchen« (5. Mose 17,4). Es heißt nämlich: »Fällt (einen) zuverlässigen [oder: vertrauenswürdigen] Rechtsspruch« (Sach 7,9), also einen Rechtsspruch, der nicht bei nächster Gelegenheit widerrufen werden muss und den andere nachvollziehen können.

Deswegen darf es keinen doppelten Rechtsstandard geben, etwa ein Recht für den Adel und ein anderes Recht für die Bauern. Schon im Alten Testament sollte für Einheimische und Ausländer dasselbe Strafrecht gelten (z.B. 2. Mose 12,49). »Ihr sollt im Gericht nicht Unrecht tun. Du sollst die Person des Geringen nicht bevorzugen und die Person des Großen nicht ehren; Du sollst deinen Nächsten in Gerechtigkeit richten.« (3. Mose 19,15). Gott verteidigt »den Rechtsanspruch der Geringen« (Sprüche 29,7), »den Rechtsanspruch aller Schwachen« (Sprüche 31,8). Deswegen heißt es: »Öffne deinen Mund für den Stummen, für den Rechtsanspruch aller Schwachen! Öffne deinen Mund, richte gerecht und schaffe dem Elenden und Armen das Recht!« (Sprüche 31,8-9).

Deswegen ist von der Bibel her die Gerechtigkeit eines Landes am Schutz der Schwachen zu bemessen. Es zählt nicht alleine, wie es dem herrschenden Volk geht, sondern vor allem, wie es um die Minderheiten in seiner Mitte bestellt ist. Nicht nur die Reichen, die das Geld und die Macht haben, ihr Recht zu verteidigen, sind von Belang, sondern auch, wie es den Armen, Witwen und Waisen vor Gericht ergeht.

III. Praktische Empfehlungen

Vorschläge für jedermann

• *Gespräche führen*
Führen Sie Gespräche mit Einwanderern, wo immer Sie sowieso mit ihnen zu tun haben. Fragen Sie den Dönerverkäufer, wo er herkommt. Fragen Sie den Taxifahrer, ob er Familie hat und ob er betet. Fragen Sie den Freund beim Sport, welcher Sport in seiner Heimat am beliebtesten ist. Und lassen Sie sich von ihm über seine Kultur und seine Erfahrungen in Deutschland erzählen. So sammeln Sie Wissen aus erster Hand und bauen Freundschaften auf.

• *Gastfreundschaft üben*
Laden Sie Einwanderer zu sich nach Hause ein. Gastfreundschaft wird in deren Umwelt meist sehr groß geschrieben, und die typisch deutsche Abschottung der eigenen Wohnung wird von vielen nicht verstanden. Sie verhelfen durch eine Einladung (und die Annahme der Gegeneinladung) Einwanderern oft zu einem völlig neuen Bild von Deutschland.

• *Position beziehen*
Nehmen Sie in Gesprächen mit Kollegen oder Bekannten zugunsten von Ausländern Stellung, wenn über diese hergezogen wird und sie für Dinge verantwortlich gemacht werden, für die sie nichts können. Lassen Sie sich nicht vorschnell von Vorurteilen der Medien leiten. Informieren Sie sich genau, bevor sie ein generelles Urteil fällen. Fragen Sie andere, die generalisierende Urteile äußern, woher sie das wissen.

• Drei Bitten an Christen

- Seid offen und beherzt *bereit, christliches Denken und christliche Werte öffentlich darzustellen und zu empfehlen*, nach der Aufforderung des Petrus: »Seid bereit, Antwort zu geben jedermann, der Rechenschaft von euch fordert ..., aber mit Sanftmut und Ehrerbietung« (1. Petrus 3,15-16).

- Seid aber zugleich *selbstkritisch* im Hinblick auf euer eigenes Leben, eure eigenen Kirchen, euer eigenes Land, und macht nicht Ausländer oder Nichtchristen für Probleme verantwortlich, für die Ihr selbst mit verantwortlich seid.

- Lasst *euer Meinungsbild nicht von den Medien bestimmen*. Christen sind wachsam und dem Zeitgeist gegenüber kritisch eingestellt, zudem bereit, ihr Denken immer wieder neu zu überprüfen und zu verändern (Römer 12,1-2). Als die Stimmung vor dem 11. September 2001 islamfreundlich war, verwiesen Christen zu Recht auch auf die andere Seite. Jetzt, da die Stimmung islamfeindlich ist, verweisen Christen wieder auf die Gegenseite: Wir wollen im Frieden auch mit den Muslimen leben und alles tun, damit das möglich wird. Und nicht alle Probleme sind religiös begründet, wie etwa Arbeitslosigkeit und Bildungsmangel unter Ausländern.

Drei »fromme« Wünsche an Politiker

- Statt sich für oder gegen eine europäische oder deutsche Leitkultur auszusprechen und Begriffe zu diskutieren, ist es dringend geboten, dass sich Staat und Gesellschaft eindeutiger auf einen *Wertekatalog* einigen, um den dann auch offensiv geworben werden kann.

- Die meisten Probleme im Zusammenhang mit Zuwanderern ergeben sich aus zentralen Problemen der Gesellschaft, wie Arbeitslosigkeit und eine wachsende Zahl von Jugendlichen ohne vernünftige Ausbildung. *Einigt Euch auf die großen gemeinsamen Werte und Ziele, die die Zukunft der Gesellschaft ermöglichen*, statt im Kleingedruckten zu taktieren oder auf die eigene Karriere zu achten.

- *Behandelt Ausländer und Deutsche gleich.* Lasst Muslimen nicht Gewaltaufrufe durchgehen, während Christen noch nicht einmal Abtreibung als »Mord« bezeichnen dürfen. Lasst bei Moscheen keine heimlichen Änderungen der Baupläne durchgehen, während Kirchen (und andere) dann abgerissen oder umgebaut werden müssen. Verwehrt Menschen nicht ihr Recht, nur weil sie sich nicht so gut auf Deutsch ausdrücken können.

Drei Träume, die wohl kaum jemand finanzieren wird

- Die massive, auch *finanzielle Förderung der Integration* der Aussiedler in den 80er-Jahren hat gezeigt, was der geballte Einsatz von Startkapital, Anheben des Ausbildungsstandes, Sprachkurse und Betreuung erreichen kann. Für Auswanderer sind frühkindliche Sprachkurse und das Erreichen von Lesekompetenz und der Fähigkeit, in Deutsch zu schreiben, zukunftswichtig und für die Gesellschaft eine billige Investition, gemessen an den Folgekosten des Unterlassens solcher Maßnahmen.

- Die *Größe der Schulklassen muss* von 30 und mehr auf etwa 20 *verringert werden*, damit ein annehmbares Lernklima entsteht und die Lehrer sich vermehrt einzelnen Schülern widmen können.

- *Den Lehrern müssen mehr Sozialarbeiter an die Seite gestellt werden*, die Schüler betreuen und Familien besuchen können (und dort hoffentlich auch einfühlsam für die Werte einer freiheitlichen Gesellschaft werben).

Drei Bitten an Migranten

- *Macht Euch mit dem Denken Eurer deutschen Nachbarn vertraut*. Fragt sie einfach, ob sie gerne in Deutschland leben, warum sie Christen sind (oder warum nicht), warum sie gerne Kinder in Deutschland großziehen (oder warum sie keine haben oder wollen).

- *Stellt Euch*, wenn es um Gewalt und Unrecht geht, nie auf die Seite Eurer Landsleute oder Anhänger Eurer Religion, sondern *immer auf die Seite derer, die Frieden und Recht ermöglichen*. Wenn Ihr heute nicht der Gewalt in Euren Reihen wehrt, seid Ihr morgen selbst die Opfer.

- Islamisten töten weltweit auch rücksichtslos Muslime und muslimische Kinder, z.B. im Irak oder in Pakistan. *Distanziert euch* deswegen *weltweit von allen, die ein friedliches Zusammenleben verhindern* – in Eurem eigenen Interesse.

Weblinks und Literaturhinweise

Statistik

Ausländer in Deutschland:

Statistisches Bundesamt:
www.destatis.de/themen/d/thm_bevoelk.php,
oder unter www.destatis.de Suchbegriffe eingeben

www.bundesregierung.de/413.1016623/artikel/
Migrationsbericht-2005.htm

Leben in Deutschland – Ergebnisse des Mikrozensus 2005. Karlsruhe: Statistisches Bundesamt, 2006. S. 73-84, kostenlos unter www.destatis.de

Gute Analysen und Daten finden sich auch unter www.berlin-institut.org.

Ausländer in der Schweiz:

Bundesamt für Statistik: www.bfs.admin.ch,
dann weiter zum Statistischen Jahrbuch 2006
sowie Suchbegriffe eingeben

Bundesamt für Statistik. Eidgenössische Volkszählung: Migration und Integration, Ausländerinnen und Ausländer in der Schweiz. Neuchatel: BfS, 2004

Ausländer in Österreich:

Statistik Austria: www.statistik.at, dann weiter zum Statistischen Jahrbuch 2006 sowie Suchbegriff eingeben

Ausländer in Europa:

Eurostat: epp.eurostat.ec.europa.eu – dann weiter zu »Bevölkerung und soziale Bedingungen«
sowie Suchbegriffe eingeben

Ausbildung und Ausländer:
www.bildungsbericht.de, dort weiter zum Bericht »Bildung in Deutschland« 2006

Für die Presse stellt der Grafikservice von dpa, »Globus«, gute Grafiken gegen Honorar zum Abdruck bereit unter http://db.globus.pictures.de/

Die weltweite Asyl- und Flüchtlingsstatistik des UN-Flüchtlingswerkes findet sich in englischer Sprache unter: www.unhcr.org

Wirtschaftliche Zukunftsberechnungen:
Migration und Sozialstaat – Empirische Evidenz und wirtschaftspolitische Implikationen für Deutschland. Themenheft Vierteljahrshefte zur Wirtschaftsforschung 71 (2002) 2

Rückgang der Bevölkerung:
Die demografische Lage der Nation. München: dtv, 2006, Kurzfassung unter www.berlin-institut.org/berlin-institut_studie_2006.pdf

Grundsätzliches zu den unterschiedlichen Kulturen

Siegfried *Böttcher*, Ostasien denkt und handelt anders: Konsequenzen für Deutschland, Schriftenreihe des ifo Instituts für Wirtschaftsforschung 142. Berlin: Duncker & Humblot, 1996
Samuel P. *Huntington*, Kampf der Kulturen, München: Europaverlag, 1997[5]
Sarah *Lanier*, Überall zu Hause?! Menschen aus fremden Kulturen verstehen, Marburg: Francke, 2006
Thomas *Schirrmacher*. Scham- oder Schuldgefühl? Die christliche Botschaft angesichts von schuld- und schamorientierten Gewissen und Kulturen

(zugleich idea-Dokumentation 8/2005), Bonn: VKW, 2005
Thomas *Schirrmacher*/Klaus W. *Müller* (Hg.), Scham- und Schuldorientierung in der Diskussion, Nürnberg: VTR 2006
Cornelia *Spohn* (Hg.), Zweiheimisch: Bikulturell leben in Deutschland, Hamburg: Edition Körber-Stiftung 2006
Sibylle *Tönnies*, Der westliche Universalismus: Eine Verteidigung klassischer Positionen, Wiesbaden: Westdeutscher Verlag 1995

Multikulturelle Gesellschaft – allgemeinverständlich

www.wikipedia.de: Die Wikipedia-Enzyklopädie enthält zu dieser Thematik sehr viele ausgezeichnete Einträge, wie z. B. »Multikulturelle Gesellschaft«, »Rassismus«, »Leitkultur« (dort jeweils am Ende weitere Verweise)
www.parallelgesellschaft.de
Gerald *Braun*/Karl *Hillebrand,* Multikulturelle Gesellschaft in Deutschland, Paderborn: Schöningh 1996
Joseph *Marko* (Hg.), Multikulturelle Gesellschaft und Demokratie, Baden-Baden: Nomos 2000
Bassam *Tibi*, Europa ohne Identität? Berlin: Siedler 2002[3] (zur Einordnung s. im Text)

Artikel:

Karl Otto *Hondrich*, »Einwanderung ist Zumutung: Das Zusammenleben mit Fremden kann nur funktionieren, wenn die Mehrheit weiß, daß sie Mehrheit bleibt und daß ihre kollektiven Gefühle, Interessen und Werte Vorrang genießen«. *DIE WELT* vom 6.5.2006, S. 9 (auch unter www.welt.de/data/2006/05/06/882924.html)
Die Multikulti-Lüge. *FOCUS* 15/2006 (10.4.)
Andreas *Öhler,* »Parallelgesellschaft. Ein Modewort? Verheerender Kampfbegriff«, *Rheinischer Merkur* vom 19.5.2005, S. 7 (auch unter www.merkur.de)
Parallelgesellschaften? *Themenheft »Aus Politik und Zeitgeschichte«* 1-2/2006. Bonn/Berlin: Bundeszentrale

für politische Bildung 2006 (auch unter www.bpb.de/files/AQ6PWB.pdf)

Bassam *Tibi*, »Multikultureller Werte-Relativismus und Werte-Verlust«, Aus Politik und Zeitgeschehen 52–53/1996, S. 27–36

Bassam *Tibi*, »Leitkultur als Wertekonsens – Bilanz einer missglückten deutschen Debatte«. Aus Politik und Zeitgeschehen 1–2/2001, S. 23–26

Ulrich *Wagner* et al., »Interkulturelle Kontakte: Die Ergebnisse lassen hoffen. Deutsche Zustände, Frankfurt: Suhrkamp 1 (2002), S. 96-109

Multikulturelle Gesellschaft – Ratgeber

Zur interkulturellen Didaktik – Seminarangebote und Literatur: www.ikud.de

Thomas *Baumer*, Handbuch interkulturelle Kompetenz, Zürich: Orell Füssli 2002 (vor allem für die Wirtschaft)

Ulrich *Deinet*/Benedikt *Sturzenhecker* (Hg.), Handbuch Offene Kinder- und Jugendarbeit, Wiesbaden: Verlag für Sozialwissenschaften 2005[3] (zum Umgang mit jugendlichen Migranten)

Verena *Dreißig*, Interkulturelle Kommunikation im Krankenhaus: Eine Studie zur Interaktion zwischen Klinikpersonal und Patienten mit Migrationshintergrund, Bielefeld: Transcript Verlag 2005

Petra *Haumersen*/Frank *Liebe*, Wenn Multikulti schiefläuft? Trainingshandbuch Mediation in der interkulturellen Arbeit, überarbeitete Neuaufl., Mülheim an der Ruhr: Verlag an der Ruhr 2005 (guter Ratgeber mit Kursen z.B. für Firmen)

Eva *Kaewnetara*/Hans *Uske* (Hg.), Migration und Alter: Auf dem Weg zu einer kulturkompetenten Altenarbeit: Konzepte – Methoden – Erfahrungen, Duisburg: Duisburger Institut für Sprach- und Sozialforschung 2001

Sarah *Lanier*, Überall zu Hause?! Menschen aus fremden

Kulturen verstehen. Marburg: Francke 2006 (zum persönlichen Umgang)

Marga *Pröhl* (Hg.), Multikulturelle Gesellschaft – Integration in der Kommune, Gütersloh: Bertelsmann-Stiftung 1998

Multikulturelle Gesellschaft – wissenschaftlich

Die universitären Einrichtungen zur Migrations- und Bevölkerungsforschung finden sich zusammengestellt unter: www.berlin-institut.org/pages/fs/fsbevwissenschaft_lehre_lehrst.html

Der beste Überblick über alle mit dem Thema verbundenen Forschungsaspekte und Denkschulen findet sich in: Alf *Mintzel*, Multikulturelle Gesellschaften in Europa und Nordamerika: Konzepte, Streitfragen, Analysen, Befunde. Makroanalyse und Gesellschaftsvergleich 2, Passau: Wiss.-Verlag Rothe 1997

Frank *Beyersdörfer*, Multikulturelle Gesellschaft: Begriffe, Phänomene, Verhaltensregeln. Fremde Nähe – Beiträge zur interkulturellen Diskussion 21, Münster: Lit 2004

Wolf-Dietrich *Bukow* (Hg.), Die multikulturelle Stadt: Von der Selbstverständlichkeit im städtischen Alltag. Opladen: Leske + Budrich 2001 (und zwei Folgebände)

Politik

Für Kurznachrichten und neueste Zahlen hält man sich am besten mit dem *efms-Migrationsbericht* auf dem Laufenden: http://web.uni-bamberg.de/~ba6ef3/serpre_d.htm.

Grundsätzlichere Artikel enthält die vom Bundesamt für Migration und Flüchtlinge finanzierte Internetzeitschrift »Informationsdienst AiD« unter: www.isoplan.de/aid/index.htm (am Ende der Seite für Multiplikatoren auch in Papierform zu bestellen)

Auf Englisch informiert regelmäßig die *Europäische Stelle*

zur Beobachtung von Rassismus und Fremdenfeindlichkeit (EUMC) unter www.eumc.europa.eu/eumc/index.php (umfangreichere Texte auch auf Deutsch)

Politik und Ethik

Thomas *Schirrmacher*/Daniel *Suter*/Markus *Wäfler*/Stéphane *Derron*, Christ und Politik: 50 Antworten auf Fragen und kritische Einwände, idea-Dokumentation 7/2005, VKW: Bonn: 2005

Thomas *Schirrmacher*, Ethik. 7 Bde., Hamburg: RVB & Nürnberg: VTR 2004[3]

Thomas *Zimmermanns*, Grundriß der politischen Ethik: Eine Darstellung aus biblisch-reformatorischer Sicht. Bonn: VKW 2004[2]

Thomas *Zimmermanns*, Rechtsstaat Bundesrepublik – wohin? Christliches und humanistisches Menschenbild. Bonn: VKW 2004

Thomas *Zimmermanns*, Presse- und Redefreiheit. Kurz und bündig. Holzgerlingen: Hänssler 2006

Bildung und Schule

Konsortium Bildungsberichterstattung (Hg.), Bildung in Deutschland: Ein indikatorengestützter Bericht mit einer Analyse zu Bildung und Migration, Bielefeld: W. Bertelsmann Verlag 2006, S. 137-180, zum Download unter www.bildungsbericht.de

Thomas *Schirrmacher*, Bildungspflicht statt Schulzwang: Staatsrecht und Elternrecht angesichts der Diskussion um den Hausunterricht, idea-Dokumentation 4/2005, Bonn: VKW & Nürnberg: VTR 2005

Thomas *Schirrmacher*, »Benimmunterricht? Ganzheitliche Erziehung!«. AHAes: Die pädagogische Zeitung für die Allgemeinbildenden Schulen (Linz) Nr. 8 = Febr 2004: S. 8-9 (DIN A3), Download unter http://www.klartextsatire.de/kultur/benehmen/benimmunterrichtinahaes.pdf

Einwanderung

Bundesamt für Migration und Flüchtlinge: www.bamf.de

Bundesinnenministerium: www.zuwanderung.de

Klaus J. *Bade* (Hg.), Die multikulturelle Herausforderung: Menschen über Grenzen – Grenzen über Menschen, München: C. H. Beck 1996

Klaus J. *Bade* (Hg.), Deutsche im Ausland – Fremde in Deutschland: Migration in Geschichte und Gegenwart, München: C. H. Beck 1992 (beste geschichtliche Darstellung)

Klaus J. *Bade* (Hg.), Aussiedler: Deutsche Einwanderer aus Osteuropa, Göttingen: V&R Unipress 2003[2]

Klaus J. *Bade*/Rainer *Münz* (Hg.), Migrationsreport 2000, Frankfurt: Campus 2000

Klaus J. *Bade*/Rainer *Münz* (Hg.), Migrationsreport 2002, Frankfurt: Campus 2002

Klaus J. *Bade*/Rainer *Münz* (Hg.), Migrationsreport 2002, Frankfurt: Campus 2004

Klaus J. *Bade*/Michael *Bommes*/Rainer *Münz* (Hg.), Migrationsreport 2002, Frankfurt: Campus 2002

Wolf-Dietrich *Bukow*/Roberto *Llaryora*, Mitbürger aus der Fremde: Soziogenese ethnischer Minoritäten, Opladen: Leske + Budrich 1998[3]

Birgit *Rommelspacher*, Anerkennung und Ausgrenzung: Deutschland als multikulturelle Gesellschaft, Frankfurt: Campus 2002 (für völlige Zuwanderungsfreiheit)

Cornelia *Schmalz-Jacobsen*/Georg *Hansen*, Kleines Lexikon der ethnischen Minderheiten in Deutschland, München: C. H. Beck 1997 (etwas veralteter, aber ausgezeichneter Überblick auch über alle kleineren Einwanderergruppen)

Schweiz und Österreich

(siehe oben zur Statistik)

Gianni *D'Amato*, Vom Ausländer zum Bürger: Der Streit um die politische Integration von Einwanderern in

Deutschland, Frankreich und der Schweiz, Münster: Lit 2001
Gudrun *Biffl*, Zur Niederlassung von Ausländern in Österreich, Wien: Östereichisches Institut für Wirtschaftsforschung 2004
Julia *Bock-Schappelwein*, Ausländer in Österreich – vier Fragen zu ihrer Integration, Wien: Östereichisches Institut für Wirtschaftsforschung 2004
Markus *Escher* (Hg.), Die multikulturelle Schweiz, Zürich: Verlag Rüegger 2003
Heinz *Fassmann*/Rainer *Münz*, Einwanderungsland Österreich? Historische Migrationsmuster, aktuelle Trends und politische Massnahmen, Wien: J & V 1995
Datenbank »Forschungsdokumentation Fremdenfeindlichkeit« in Österreich unter datenbank.ikf.ac.at/
Laufende Projekte in Österreich: www.bmbwk.gv.at/forschung/fps/fremdenfeindlichkeit/projekte.xml

Illegale Einwanderer

Illegal aufhältige Drittstaatenangehörige in Deutschland, *Bundesamt für Migration und Flüchtlingen*, Bonn: 2006 (Download unter www.bamf.de, dann auf »Publikationen« klicken und weiter)
Katholisches Forum Leben in der Illegalität: www.forum-illegalitaet.de/
Die *deutschen Bischöfe*: Leben in der Illegalität in Deutschland – eine humanitäre und pastorale Herausforderung, 21. Mai 2001, Bonn: Sekretariat der Deutschen Bischofskonferenz 2001 (auch unter www.forum-illegalitaet.de/DBK_2001.pdf)
Führender Spezialist zur Lage der Illegalen ist Jörg *Alt*: www.joerg-alt.de, seine Veröffentlichungen unter www.joerg-alt.de/Publikationen/publikationen.html
Jörg *Alt*/Michael *Bommes* (Hg.), Illegalität – Grenzen und Möglichkeiten der Migrationspolitik, Wiesbaden: Verlag

für Sozialwissenschaft 2005
Jörg *Alt*/Norbert *Cyrus*, »Illegale Migration in Deutschland«, S. 141-162, in: Klaus J. *Bade*/Rainer *Münz* (Hg.), Migrationsreport 2002. Frankfurt: Campus 2002
Thomas *Mushoff*, »Illegal in Deutschland«, in: ForumRecht 4/2004, S. 120-122 (auch unter www.forum-recht-online.de/2004/404/404mushoff.pdf)

Italiener

Mauro *Montanari*/Elke *Montanari* (Hg.), Als ich nach Deutschland kam: Italiener berichten, Freiburg im Breisgau: Lambertus 2001
Antonella *Serio* (Hg.), Der unsichtbare Mitbürger: Soziale und gesellschaftliche Aspekte der Integration der Italienerinnen und Italiener in Deutschland, Freiburg im Breisgau: Lambertus 2000

Aussiedler

Rupprecht S. *Baur*/Christoph *Chlosta*/Christian *Krekeler* (Hg.), Die unbekannten Deutschen, Schneider Verlag, Hohengehren: 1999
Christian *Eyselein*, Russlanddeutsche Aussiedler verstehen: Praktisch-theologische Zugänge, EVA, Leipzig: 2006
Klaus J. *Bade*/Jochen *Oltmer*, Aussiedler: Deutsche Einwanderer aus Osteuropa, IMIS-Schriften 8, V&R unipress 2003[2] (mit ausgezeichneten Aufsätzen auch zu jugendlichen Straftätern und kommunalen Problemen)

Rassismus und Fremdenfeindlichkeit

www.kfn.de/*mutgegenrechtegewalt*.shtml
Rassistisch motivierte Gewalt in 15 EU-Mitgliedstaaten, Brüssel: European Monitoring Centre on Racism and Xenophobia, 2006, Download unter eumc.eu.int/eumc/material/pub/comparativestudy/CS-RV-05-SUM-DE.pdf

Peter *Beyerhaus*, »Rassismus – seine evangeliumsmäßige Überwindung«, S. 123-145, in: Peter Beyerhaus, Krise und Neuaufbruch der Weltmission: Vorträge, Aufsätze und Dokumente, Bad Liebenzell: VLM 1987

Christian *Delacampagne*, Die Geschichte des Rassismus, Düsseldorf: Artemis und Winkler 2005

Michael *Minkenberg* et al. (Hg.), Radikale Rechte und Fremdenfeindlichkeit in Deutschland und Polen, Bonn: Informationszentrum Sozialwissenschaften 2006

George L. *Mosse*, Die Geschichte des Rassismus in Europa, Frankfurt: Fischer Taschenbuch Verlag 1990

Christian *Pfeiffer*/Rainer Strobl, Opfererfahrung von Ausländern und ethnische Differenzierung moderner Gesellschaften, Hannover: Kriminologisches Forschungsinstitut Niedersachsen 1993

Léon *Poliakov*, Der arische Mythos: Zu den Quellen von Rassismus und Nationalismus, Hamburg: Junius 1993

Ruth *Römer*, Sprachwissenschaft und Rassenideologie in Deutschland, München: Wilhelm Fink Verlag 1985

Multireligiosität

Hartmut *Lehmann* (Hg.), Multireligiosität im vereinten Europa: Historische und juristische Aspekte, Göttingen: Wallstein 2003

Hartmut *Lehmann* (Hg.), Koexistenz und Konflikt von Religionen im vereinten Europa, Göttingen: Wallstein 2004

Hartmut *Lehmann* (Hg.), Migration und Religion im Zeitalter der Globalisierung, Göttingen: Wallstein 2005

Türken

Freiwilliges Engagement von Türkinnen und Türken in Deutschland, *Bundesministerium für Familie, Senioren, Frauen und Jugend* 2004 (auch unter www.bmfsfj.de/Publikationen/engagementstudie-zft)

Jürgen *Gottschlich*/Dilek *Zaptcyoglu*, Das Kreuz mit den Werten: Über deutsche und türkische Leitkulturen, Hamburg: Edition Körber-Stiftung 2005

Michael *Richter*, Gekommen und geblieben: Deutsch-türkische Lebensgeschichten, Hamburg: Edition Körber-Stiftung 2003

Faruk *ªen*/Andreas *Goldberg*, Die deutschen Türken, Münster: Lit 2004

Faruk *ªen*/Andreas Goldberg, Türken in Deutschland: Leben zwischen zwei Kulturen, München: C. H. Beck 1994

Faruk *ªen*/Martina *Sauer*, Religiöse Praxis und organisatorische Vertretung türkischstämmiger Muslime in Deutschland, Zeitschrift für Ausländerrecht und Ausländerpolitik 26 (2006) 1, S. 14-22, Kurzfassung von *Stiftung Zentrum für Türkeistudien*, Religiöse Praxis und organisatorische Vertretung türkischstämmiger Muslime in Deutschland, SZfT, Essen: 2005

Islam verstehen

Christine *Schirrmacher*, Kleines Lexikon zur islamischen Familie, Holzgerlingen: Hänssler 2002

Christine *Schirrmacher*, »Lexikon des Islam« usw., S. 428-549, in: Thomas Schirrmacher et al., Harenberg Lexikon der Religionen, Düsseldorf: Harenberg Verlag 2002

Thomas *Schirrmacher*, Feindbild Islam, Nürnberg: VTR 2003

Thomas *Schirrmacher*, »Konsequenter als Paulus? Ist ein tripolares Verständnis der Religionen synkretistisch?«, S. 136-187, in: *ders.* (Hg.), Kein anderer Name. Festschrift zum 70. Geburtstag von Peter Beyerhaus, Nürnberg: VTR 1999

Islamischer Fundamentalismus

Verfassungsschutzbericht 2005 (und frühere Ausgaben): Bestellbar und zum Download unter www.verfassungsschutz.de

Verfassungsschutzberichte der Länder: s. alle Links unter www.verfassungsschutz.de/de/landesbehoerden (und dann weiter) oder direkt unter www.verfassungsschutz.de/de/publikationen/landesbehoerden_publikationen/landesbehoerden_karte_publikationen/(dort zum Beispiel unter »Berlin« eine Broschüre zum »Islamismus«)

Heiner *Bielefeldt,* Zwangsheirat und multikulturelle Gesellschaft, Berlin: Deutsches Institut für Menschenrechte 2005

Wolf-Dietrich *Bukow/*Erol *Yildiz* (Hg.), Islam und Bildung, Opladen: Leske + Budrich 2003

Hanife *Gashi,* Mein Schmerz trägt deinen Namen: Ein Ehrenmord in Deutschland, Reinbek bei Hamburg: Rowohlt 2005[2]

Jürgen *Krönig,* »Jihad versus McWorld«, Aus Politik und Zeitgeschichte B 41/42/2001 (5.10.2001), S. 3-5

Herbert L. *Müller,* »Islamistische Organisationen in Deutschland (I)«, Materialdienst der EZW 64 (2001) 10, S. 322-329

Tilman *Nagel,* »Der schariatische Hintergrund der Charta des Zentralrats der Muslime«, S. 114-129, in: Hartmut *Lehmann* (Hg.), Koexistenz und Konflikt von Religionen im vereinten Europa, Göttingen: Wallstein 2004

Werner *Schiffauer,* Die Gottesmänner: Türkische Islamisten in Deutschland, Suhrkamp: Frankfurt 2000

Christine *Schirrmacher/*Ursula *Spuler-Stegemann,* Frauen und die Scharia: Die Menschenrechte im Islam, München: Diederichs 2004; Taschenbuchausgabe: München: Goldmann 2006

Christine *Schirrmacher,* Herausforderung Islam: Der Islam zwischen Krieg und Frieden, Holzgerlingen: Hänssler 2002

Jugendliche Gewalt

Güner *Balci*/Anna *Reimann*, »Verprügelt, vergewaltigt und gefilmt«, SPIEGEL online vom 13.6.2006 (www.spiegel.de/politik/deutschland/0,1518,418236,00.html)

Wolf-Dietrich *Bukow* (Hg.), Ausgegrenzt, eingesperrt und abgeschoben. Migration und Jugendkriminalität, Opladen: Leske + Budrich 2003

Wilhelm *Heitmeyer*/Joachim *Müller*/Helmut *Schröder*, Verlockender Fundamentalismus: Türkische Jugendliche in Deutschland, Frankfurt: Suhrkamp 1997

Wilhelm *Heitmeyer*, »Für türkische Jugendliche in Deutschland spielt der Islam eine wichtige Rolle«, DIE ZEIT 35/1996, www.zeit.de/archiv/1996/35/heitmey.txt.19960823.xml; vgl. auch das Interview in Die Zeit 10/2003 (27.2.) www.zeit.de/2003/10/Heitmeyer-Interview

Christian *Pfeiffer* et al. (Hg.), Migration und Kriminalität: Ein Gutachten für den Zuwanderungsrat der Bundesregierung, Baden-Baden: Nomos 2005

www.kfn.de/profdrpfeiffer.shtml

Anmerkungen

[1] Dies war nach Klaus J. *Bade*/Rainer *Münz* (Hg.), Migrationsreport 2000, Frankfurt: Campus 2000, S. 11, das »Credo« sowohl der Regierung Helmut Schmidts als auch der Regierung Helmut Kohls.

[2] FOCUS 15/2006, S. 23

[3] Klaus J. *Bade* (Hg.), Klaus J. *Bade* (Hg.), Die multikulturelle Herausforderung: Menschen über Grenzen – Grenzen über Menschen, München: C. H. Beck 1996, S. 13

[4] Bassam *Tibi*, Europa ohne Identität?, Berlin: Siedler 2002[3], S. 56

[5] Siehe im Literaturverzeichnis; vgl. auch Christine *Schirrmacher*, Kleines Lexikon zur islamischen Familie, Holzgerlingen: Hänssler 2002

[6] Pressekonferenz mit Statement von Johann Hahlen vom 6.6.2006

[7] Zum Vergleich: *Österreich:* Hier wanderten 2004 128.000 Menschen ein und 77.000 aus, was einen Saldo von 51.000 ergab. *Schweiz:* Hier wanderten 2004 120.200 Menschen ein und 79.800 aus. (Saldo: 40.400)

[8] efms Migration Report Dezember 2005, nach Pressemitteilung des Bundesinnenministeriums vom 8.12.2006

[9] Der Unterschied zwischen Aussiedlern und Spätaussiedlern liegt per Gesetz im Wesentlichen darin, ob die Aussiedler vor oder nach dem 31.12.1992 gekommen sind. Diese Unterscheidung findet deswegen in diesem Buch keine weitere Berücksichtigung.

[10] Pressekonferenz mit Statement von Johann Hahlen vom 6.6.2006

[11] Leben in Deutschland – Ergebnisse des Mikrozensus 2005, S. 79, Karlsruhe: Statistisches Bundesamt 2006

[12] Vgl. www.diw.de/deutsch und Migration und Sozialstaat – Empirische Evidenz und wirtschaftspolitische Implikationen für Deutschland. Themenheft Vierteljahrshefte zur Wirtschaftsforschung 71 (2002), S. 2

[13] Z. B. Ulrich *Wagner* et al., »Interkulturelle Kontakte: Die Ergebnisse lassen hoffen. Deutsche Zustände, Frankfurt: Suhrkamp 1 (2002), S. 96-109

[14] Thankmar *Freiherr von Münchhausen*, in: Klaus J. Bade (Hg.), Die multikulturelle Herausforderung, a.a.O., S. 107

[15] Birgit *Rommelspacher*, Anerkennung und Ausgrenzung: Deutschland als multikulturelle Gesellschaft, S. 17, Frankfurt: Campus 2002

[16] efms Migration Report Dezember 2005, nach Pressemitteilung OECD Berlin Centre 2.12.2005

[17] Joachim *Peter*/Stefan *von Borstel*, »Deutlich mehr Zugewanderte in Deutschland«, in: DIE WELT vom 7.6.2006 (nach www.welt.de)

[18] Klaus J. *Bade* (Hg.), Die multikulturelle Herausforderung, a.a.O., S. 13

[19] Karl Otto Hondrich, »Einwanderung ist Zumutung«, *DIE WELT* vom 6.5.2006, S. 9

[20] Siehe im Literaturverzeichnis.
[21] Siehe im Literaturverzeichnis.
[22] *Konsortium Bildungsberichterstattung (Hg.),* Bildung in Deutschland, S. 151-152, s. insgesamt S. 137-180, Bielefeld: W. Bertelsmann Verlag 2006
[23] Vgl. neben den Verfassungsschutzberichten vor allem Werner *Schiffauer*, Die Gottesmänner: Türkische Islamisten in Deutschland, Suhrkamp: Frankfurt 2000
[24] Thomas *Lemmen*, Islamische Organisationen in Deutschland, Friedrich-Ebert-Stiftung, Bonn 2000, S. 17 (auch unter www.fes.de/fulltext/asfo/00803toc.htm)
[25] Herbert L. *Müller*, »Islamistische Organisationen in Deutschland (I)«, Materialdienst der EZW 64 (2001), 10: S. 322-329, hier S. 322
[26] Thomas *Schirrmacher*, Feindbild Islam, Nürnberg: VTR 2003
[27] Text: Kairoer Erklärung der Menschenrechte: Gewissen und Freiheit 19 (1991) 36, S. 93-98
[28] Vgl. zu den islamischen Menschenrechten Martin *Forstner*, »Das Menschenrecht der Religionsfreiheit und des Religionswechsels als Problem der islamischen Staaten«, in: Kanon, Kirche und Staat im christlichen Osten: Jahrbuch der Gesellschaft für das Recht der Ostkirchen 10 (1991), S. 105-186; Bassam Tibi, Im Schatten Allahs. Der Islam und die Menschenrechte, München 1996.
[29] Siehe Tilman *Nagel*, »Der schariatische Hintergrund der Charta des Zentralrats der Muslime«, S. 114-129, in: Hartmut *Lehmann* (Hg.), Koexistenz und Konflikt von Religionen im vereinten Europa, Göttingen: Wallstein 2004
[30] Klaus *Bockmühl*, Glauben und Handeln: Beiträge zur Begründung evangelischer Ethik, Brunnen: Gießen 1975, S. 98
[31] Abraham *Kuyper*, Die Kirche Jesu Christi: Worte aus Reden und Schriften, Furche-Verlag: Berlin 1926, S. 44
[32] FOCUS 15/2006, S. 35
[33] Z.B. Faruk *ªen*/Andreas *Goldberg*, Die deutschen Türken, Münster: Lit 2004, S. 57
[34] Siehe die Beiträge von Wilhelm *Heitmeyer* im Literaturverzeichnis.
[35] Nach Jürgen *Gottschlich*/Dilek *Zaptcyoglu*, Das Kreuz mit den Werten: Über deutsche und türkische Leitkulturen, Hamburg: Edition Körber-Stiftung 2005, S. 52-53
[36] Andreas *Öhler*, »Parallelgesellschaft. Ein Modewort? Verheerender Kampfbegriff«, *Rheinischer Merkur* vom 19.5.2005, S. 7
[37] Christliche, traditionalistische Glaubensgemeinschaft, die der Täuferbewegung (Mennoniten) entstammt
[38] Julia *Schaaf*, »Die perfekten Einwanderer«, Frankfurter Allgemeine Sonntagszeitung vom 21.5.2006, S. 59

[39] Vgl. Klaus J. *Bade*/Jochen *Oltmer*, Aussiedler: Deutsche Einwanderer aus Osteuropa, IMIS-Schriften 8, V&R unipress 2003[2], S. 153-228 über jugendliche Aussiedler, u.a. auch im Strafvollzug.

[40] http://de.wikipedia.org/wiki/Multikulturelle_Gesellschaft (10.6.2006)

[41] Siehe die Angaben im Literaturverzeichnis.

[42] Trennung von Kirche und Staat

[43] Bassam *Tibi*, a.a.O., S. 154

[44] A.a.O., S. XVI

[45] Text in Frankfurter Allgemeine Zeitung vom 8.2.2006, S. 4

[46] Vgl. die gute Zusammenfassung unter de.wikipedia.org/wiki/Leitkultur (16.6.2006).

[47] Bassam Tibi, a.a.O., S. 19

[48] A.a.O., S. 21

[49] Bernhard *Sutor*, Kleine politische Ethik, Opladen: Leske + Budrich 2002, S. 30

[50] Horst *Säcker*, Das Bundesverfassungsgericht. Bonn: Bundeszentrale für politische Bildung 1999[5], S. 17

[51] Samuel P. *Huntington*, Kampf der Kulturen, München: Europaverlag, 1997

[52] Vgl. Sibylle *Tönnies*, Der westliche Universalismus: Eine Verteidigung klassischer Positionen, Wiesbaden: Westdeutscher Verlag 1995.

[53] Siegfried *Böttcher*, Ostasien denkt und handelt anders: Konsequenzen für Deutschland, Schriftenreihe des ifo Instituts für Wirtschaftsforschung 142, Berlin: Duncker & Humblot 1996

[54] Vgl. Hans-Christoph *Buch*, »Was wissen die Islam-Experten?«, DIE WELT vom 19.10.2001, S. 8.

[55] *Huntington*, a.a.O., S. 415-433

[56] John Warwick *Montgomery*, Christians in the Public Square. Law, Gospel and Public Policy Edmonton/Kanada 1996, S. 96

[57] Karl *Barth*, Die Kirchliche Dogmatik, Studienausgabe Bd. 19: Die Lehre von der Schöpfung III,4 §§ 52-54: Das Gebot Gottes des Schöpfers 1. Teil, Zürich 1993 (1951), S. 345

[58] John Warwick *Montgomery*, a.a.O., S. 96

[59] Vgl. dazu bes. Ruth *Römer*, Sprachwissenschaft und Rassenideologie in Deutschland, München: Wilhelm Fink Verlag 1985.

[60] Heinrich *Herrfahrdt*, »Rasse«, Sp. 1635-1637, in: Evangelisches Staatslexikon, Stuttgart 1966, hier Sp. 1635

[61] Vgl. die »Deklaration von Schlaining« unter www.aspr.ac.at/deklarat.pdf.